葛藤するシティズンシップ

権利と政治

木前利秋
時安邦治
亀山俊朗
編著

白澤社＊発行

葛藤するシティズンシップ——権利と政治

目次

葛藤するシティズンシップ――権利と政治＊目次

序

再定義されるシティズンシップ

——————亀山俊朗

1　シティズンシップへの注目

二〇世紀の終わりを迎えるころから、シティズンシップは欧州や北米を中心に、政治的にも学術的にも注目を集めるようになった。その背景として、新保守主義の隆盛、移民の増加、冷戦体制の崩壊、ＥＵのようなリージョナルな連帯の進展などをあげることができる。これらはいずれも、グローバル化と深いかかわりを持つ。新保守主義は、グローバル化による税負担引き下げへの圧力をその「小さな政府」政策の動因としている。移民の増加はグローバル化をあらわす代表例だ。社会主義や軍事独裁の崩壊によるグローバルな経済・社会圏の確立、国家を超える枠組みとしてのＥＵの成立も同様である。

シティズンシップ研究という分野が人文・社会科学で一九九〇年代に事実上確立されたこと自体が、この時期にグローバル化、そしてポストモダン化が時代認識として広く共有されたことのあらわれだと、この分野の主導的な論者たちは主張している。ここ数十年で、アボリジニ、女性、ゲイから動物にいたるまでの諸権利が問題になった。マイノリティの権利だけではなく、今日の主要な社会問題――移民、アボリジニの人々、難民、ディアスポラ、環境に関する不公正、ホームレス等

――は、しだいに権利と義務の用語によって、すなわちシティズンシップの用語で語られるようになっており、そのことが新たな経済・社会・文化的条件をあらわしていると彼らは言う。グローバル化のもとで、シティズンシップは、その範囲（包摂／排除のルールや規範）、内容（権利と責任）、深度（コミットメントの度合い）という三つの軸で再定義と再構成を迫られているというのだ（Isin and Turner 2002）。

市民ないしは国民とは誰で、それを決める基準は何なのか（範囲）。市民はどのような権利と責任を持つのか（内容）。市民はシティズンシップのコミュニティにどの程度のコミットメントや自己同一化を求められるのか（深度）。こうしたことが、理論的にも実践的にも問われているのである。

2　日本におけるシティズンシップ論

日本においてシティズンシップは海外に比べると政治的にも学術的にもそれほど注目されているとは言えない。政治的標語として普及しているわけではないし、シティズンシップ研究という学際的分野が確立されているとも言い難い。政治学、教育学、社会学、社会福祉学などの一部の専門家が論じているのが実情だ。

しかし、この用語自体は使わないものの、日本でもシティズンシップの再定義と再構成は進行している。格差や貧困への近年の注目は、それをよくあらわしている。これらは新自由主義政策の進展と社会的権利の衰退という、まさに近年のシティズンシップ研究の中心をなす課題である。格差や貧困は従来からの「国民」だけの問題ではない。いわゆるオールドカマーに加え、ニューカマーと呼ばれる外国人労働者やその二世が急増し、彼らの就労や教育が大きな問題となりつつある。こうした諸問題を別個にとらえるのではなく、シティズンシップの枠組みで包括することは、学術的にだけではなく、社会的・政治的にも重要だ。私たちはどのような社会をつくろうとしているかという漠然とした問いに、形を与えることができるからである。

じつは日本においても、シティズンシップ概念の明示的な再定義と再構成は、局所的にではあれすでに政治的・学術的な争点として浮上している。近年、新自由主義的な政策のもと、社会政策や福祉の分野において自立自助が強調される傾向がある。権利よりも義務や責任、あるいはそれを果たすための資質が問題にされがちなのだが、このことをシティズンシップの訳語が反映しつつある。これまで一般的だった「市民権」にかわり「市民性」という訳語が広がりつつあるのだ。この傾向はとくに教育分野で強く、学術研究でも地方自治体（教育委員会）レベルの政策でも、市民性教育という語が広がっている。そしてこの語は、政治参加以上にボランティアなどによる社会参加の促進を含意している（亀山 2009）。

二つの訳語の存在は、シティズンシップを権利概念として理解するのか、アイデンティティやコミットメントにかかわる概念と考えるのかという対立が日本にもあることを示している。シティズンシップを正義（権利の平等）の概念と考えるか、徳（共同体の維持発展への貢献）の概念と考えるかという対立である。

シティズンシップを徳の概念として理解しようとする傾向は、日本だけではなく多くの国の政治的・学術的言説にみられる。だが、日本には固有の文脈があり、それが独特に錯綜した状況を招いている。

サッチャー政権をもってしてもイギリスの社会保障費を減らすことができなかったことからもわかるように、西欧諸国の多くでは、福祉国家の社会的権利、すなわち社会保障や公的住宅などが現在でも一定以上の水準で存在している。社会政策におけるシティズンシップの徳の強調は、その権利に見合う義務や責任を求めているという側面が強い。給付と就労を関連づけるワークフェアと呼ばれる施策にしても、高水準の失業給付を受けるのならば職業訓練に参加する義務が生じる、という論理をもつ。

それに対して、日本の社会的権利の水準は、西欧諸国に比べ著しく低い。公的な職業訓練制度もきわめて不十分だ。フリーターの増加にみられるような若者の不安定就労化などの問題が起こっても、十分な対策がなされるわけではない。そのかわりに若者の資質が問題視され、勤労意欲を涵養するというキャリア教育が強調される（亀山 2006）。さらには、不十分な福祉サービスを補完する無償のボランティアとして活動するような市民性も求められる。物質的な保障なしの精神論が強調されるところに、日本の大きな特徴がある。

したがって、日本においてシティズンシップを能動的な市民の資質と理解し、その訳語を「市民性」とすることは、意図的かどうかは別にして、きわめて政治的な意味合い――脱政治化という形であれ――を持つ。シティズンシップの、とりわけ社会的な諸権利が整っていない状況への市民性という訳語の導入は、権利よりも意識や態度を問題にすることを含意してしまうのだ。

3 市民資格としてのシティズンシップ

シティズンシップには、市民権と市民性のほかに、市民資格という訳語もある。シティズンシップには地位身分の範囲、権利や義務などの内容、コミットメントなどの深度という三側面があった。このうち、市民権はその内容に、市民性は深度に、市民資格は範囲に関係が深い。

シティズンシップ概念の多面性に応じて複数の訳語が存在しているのだが、どの訳語を採用するかには、政治的な立場が反映される。権利中心の概念と考えるならば、その訳語は市民権でよい。共同体へのアイデンティファイやコミット、資質や道徳を問題にする場合は、その訳語は市民性がふさわしい。シティズンシップの範囲に焦点をあてるには、市民資格という訳語がよいだろう。資格という語は権利と義務を伴う特権的なメンバーシップを含意するので、社会学的なシティズンシップ概念（平等な権利と地位を伴う地位身分）の訳語としては市民資格が適切かもしれない。

市民資格という訳語はあまり普及していない。しかし、シティズンシップをこの訳語で理解する必要性は今後高まるだろう。グローバル化のもと、日本でもシティズンシップの範囲が大きな問題になりつつあるからだ。

この半世紀あまり、日本はかなり閉鎖的なシティズンシップを維持してきた。国籍取得の壁は厚く、国境を越えて定住する者も他の「先進」諸国に比べるとそれほど多くなかった。それゆえ、メンバーシップに焦点をあてた市民資格という訳語は広がらなかったのだろう。いや、もっとも普及している市民権という語すらも、国民の権利をあらわす語としては人権（基本的人権）ほどには用いられていない。英語圏では人権（human rights）は普遍的な自然権と考えられ、国民の実定法的な権利を示すには市民的権利（civil rights）が用いられることが多い。二〇世紀後半の日本では閉鎖されたメンバーシップが自明の前提となり、人権と市民権を区別する必要がなかったのかもしれない。

しかし、他の先進諸国と同様、日本においてもシティズンシップの範囲・内容・深度の各側面で、葛藤が巻き起こっている。一九世紀から二〇世紀に至るシティズンシップの発展史は、労働者階級を社会へ包摂しようとした歴史と考えることができる。市民の資格要件は〈財産〉と〈教養〉だが（第1章参照）、社会的権利のもと〈財産〉を得ても大衆は〈教養〉を身につけない、すなわち市民性なり徳なりを発揮しないという批判が、近年の政策的な論点になっている。日本でもいわゆるフリーターの増加要因が豊かさゆえの勤労意欲減退に求められたことや、生活保護受給者が「給付金で遊んでいる」としばしば攻撃されることからもわかるように、〈財産〉と〈教養〉の問題が政治的主題となっている。親の資産や公的扶助といった〈財産〉を持つものが、それにふさわしい〈教養〉なり徳なりを備えていないことが政治的に問題にされるのだ。

シティズンシップの権利（内容）と社会への貢献（深度）の関係が問題になっているのだが、日本の場合、公的な施策が貧弱であるがゆえ、それはしばしば典型雇用（正社員）と非典型雇用（パートやアルバイト、派遣社員など）の格差として問題になる。正社員には特権があるかもしれないが、それは過労死の可能性すらあるコミットメントを伴う。非正社員はそれほどのコミットメントを求められないが、権利はきわめて乏しい。パートタイマーに社会保険を適用すべきかどうかという議論は、どの範囲にいかなる権利を認めるのかというシティズンシップの再定義をめぐる争いである。

そしてもちろん、日本国のシティズンシップの範囲もまた、その排除と包摂のルールや規範が問われている。閉鎖的なメンバーシップを伴うシティズンシップの原理と、移動の自由をはじめとする普遍的人権の原理との葛藤が高まっている。

4　本書の構成

本書の各章の議論は、いずれもシティズンシップの範囲・内容・深度をめぐる再定義と再構成にかかわっている。

第1章「近代的シティズンシップの成立と衰退」（亀山）は、一九世紀から二〇世紀にかけて近代的シティズンシップが成立するにあたって、その「範囲」が中・上流階級から労働者階級に広げられたことに注目している。もちろんそれは労働者階級が権利を獲得する闘争の歴史であったのだが、他方で、中・上流階級の文化やアイデンティティの「深度」と労働者階級のそれが葛藤する歴史でもあった。この葛藤が権利をはじめとするシティズンシップの「内容」に影響し、現代政治の争点になっている。

第2章「リスクとシティズンシップ――「格差社会」における不確実性」(表)は、シティズンシップの「内容」、とくに社会的権利をめぐる近年の葛藤のあらわれである格差社会論を扱っている。格差や不平等はいまや階級的なものというよりも、個人的なリスクと化している。福祉国家において実現したかのように思われた包摂的な社会が、不確実性の増大によって脅かされ、自己責任という「深度」を軸とした新自由主義的なシティズンシップ論が力を持つ。こうした状況を克服するものとして、社会的排除概念と包摂的シティズンシップの可能性、すなわちあるべき「範囲」が検討される。

第3章「近代的諸権利の成立条件――最初期マルクスの理論的模索」(木前)は、資本主義と民主主義の葛藤が近代的なシティズンシップの成立に及ぼした影響を論ずる。シティズンシップの「内容」の充実、とくに諸個人の権利保障の発達は、じつは旧い身分などの「範囲」とかかわっていたこと、したがって単線的に権利が獲得されていったわけではなく、多様な矛盾や対立をはらんでいたことが、最初期のマルクスの「出版の自由」をめぐる議論を出発点として明らかにされるだろう。

第4章「集団別権利と承認/再配分」(時安)は、その標題があらわすように、シティズンシップの「範囲」としての集団と、権利という「内容」、そしてアイデンティティの承認という「深度」のかかわりを論じたものである。二〇世紀後半の公民権運動や女性解放運動を念頭に、「二級市民」扱いされた集団は特別の権利を持ちうるのか。その際の課題は集団のアイデンティティの承認なのか、それとも集団への資源の再分配なのか、といった論点が検討される。

第5章「多文化的シティズンシップ――キムリッカのリベラル平等主義の構想をめぐって」（時安）では、民族的な集団という「範囲」と国民国家という「範囲」の相克に焦点があてられる。その際、どのような集団がどのような権利を持ちうるかという「内容」と、どのようなアイデンティティがどの程度承認されるかという「深度」が大きな問題になるのはいうまでもない。国家は価値観において中立であるべきだという自由主義の原則と、特定の文化集団にある種の特権を与えることの間には大きな葛藤が生ずる。両者の両立可能性が論じられる。

以上が本書の構成だが、シティズンシップの範囲・内容・深度をめぐる葛藤は多岐にわたる。本書は、もとよりそれらを網羅しえない。しかし、グローバル化やポストモダン化と呼ばれる時代の葛藤を日本においてもシティズンシップという枠組みでとらえる、その端緒にはなると信じる。

現代の日本には多種多様な課題が山積しており、それらを一貫した視点で把握することはますますむずかしくなっている。シティズンシップという視点の導入が状況の把握と改善の一助になればと考える。

〈文献〉

Isin, Engin F. and Bryan S. Turner, 2002, "Citizenship Studies: An Introduction", Engin F. Isin and Bryan S. Turner eds., *Handbook of Citizenship Studies*, London: SAGE Publications, 1-10.

亀山俊朗　2006　「フリーターの労働観」太郎丸博編『フリーターとニートの社会学』世界思想社。

――――　2009　「キャリア教育からシティズンシップ教育へ？――教育政策論の現状と課題」『日本労働研究雑誌』第五八三号。

第1章

近代的シティズンシップの成立と衰退

――――――――――― 亀山俊朗

1　シティズンシップに内在する矛盾

T・H・マーシャルとその批判

シティズンシップ概念は、グローバル化やポストモダン化と呼ばれる状況のもと、範囲（包摂／排除のルールや規範）、内容（権利と責任）、深度（コミットやアイデンティファイの度合い）という三つの軸で再定義と再構成を迫られている（Isin and Turner 2002）。

その際の、学術分野におけるいわば叩き台になっているのがT・H・マーシャルのシティズンシップ論である。二〇世紀末以降のシティズンシップへの関心の高まりはまた、マーシャルへの関心の高まりでもあった。それまで簡単にリストアップすることが可能な程度の数しかなかったマーシャル研究は、一九八〇年代に飛躍的にその数を伸ばす。それらの多くが言及したのが、彼が近代的シティズンシップの成立史を描いてみせた論文「シティズンシップと社会的階級」であった（Rees 1996）。

マーシャルの議論が、数あるシティズンシップをめぐる議論の中でもこれほど高く評価された理由は、シティズンシップが市民・政治・社会の三要素から分析できることを簡潔に示したためだとされる。とりわけ重要なのは、それまで政治的要素が強調されていたシティズンシップ概念に、社会的要素をほとんどはじめて付け加えたことにある（Heater 1999=2002: 32）。第二次世界大戦直後の講演をもとにした「シティズンシップと社会的階級」は、福祉国家形成期に社会的権利をうたったことで歴史的文書となり、福祉国家の限界があらわになった一九八〇年代以降に再び注目を浴びることになったのである。

マーシャルはそこで次のようにシティズンシップを定義した。「ある共同社会（a community）の完全な成員である人々に与えられた地位身分（status）である」。「この地位身分を持っているすべての人びとは、その地位身分に付与された権利と義務において平等である」（Marshall and Bottomore 1992=1993: 37）。彼はまた、シティズンシップが市民・政治・社会の三要素に歴史的に分化していき、一八世紀に自由権や財産権などの市民的権利が、一九世紀に参政権などの政治的権利が、二〇世紀に社会的権利が形成されたとしている。

こうした明快さによりマーシャルの議論は広く受け入れられたのだが、同じ理由で単純な進化論であるとの批判も受けることになった。現代のイギリスを代表する社会学者であるA・ギデンズも、シティズンシップ史の研究で知られるD・ヒーターも、マーシャルは進化論的であると批判している。そもそもシティズンシップの三要素は性格が異っており、直線的に順次発展してきたわけではない。また、自由主義的な権利はブルジョワジーの闘争の産物であり、社会主義や労働者階級の活動によって発達した福祉への要求とは比較できない、とギデンズはいう（Giddens 1982: 164-180, 1985=

1999: 232-241)。ヒーターもまた、マーシャルはどの時代にもあった権利実現への保守派の抵抗およびそれへの闘争という歴史的事実を取りこぼしている、と指摘している（Heater 1999=2002: 40）。マーシャルはシティズンシップをめぐる葛藤をみていない、と現代の論者たちは指摘しているのだ。そもそも「シティズンシップと社会的階級」の趣旨は、社会的権利の平等により資本主義的市場が生む不平等（社会的階級）は是認されうるとの主張にある。このことが、マーシャルは資本主義の矛盾を軽視しているとの見方を生みもしただろう。

現代の批判者たちからすると、シティズンシップの範囲・内容・深度という三軸のうち、マーシャルはその範囲として国民国家を自明の前提としていた。「シティズンシップと社会的階級」はイギリス（イングランド）という枠組みを当然視している。自民族・男性中心主義で、マイノリティは念頭にない。シティズンシップの内容については、権利中心である上に、諸権利が自然に発達してきたかのように考えている。深度については、第二次世界大戦での国民の貢献により社会的権利の保障が正当化されるという時代的制約のもとにある。

シティズンシップの範囲・内容・深度は現在いずれも厳しい葛藤のもとにあり、マーシャルの議論を時代遅れにしていると批判者たちは考える。国民国家という範囲はグローバル化のもと流動化している。その内容としての社会的権利は正統性を疑われ、義務や責任が強調されるようになっている。コミットやアイデンティファイの深度は、多文化・多民族社会においてはなはだしく多元化している。

確かにマーシャルは、労働者階級と中・上流階級間の葛藤が、福祉国家において社会的権利を普遍化することで解消されつつあると考えていた。近年のマーシャルへの注目は、その批判とともに、福祉国家的なシティズンシップの擁護という関心に支えられているが、批判者も擁護者も、彼が融和的な社会構想を示したと考えている点では共通している。

市民的権利と社会的権利の葛藤

それに対して本稿では、マーシャルをシティズンシップをめぐる葛藤を描いた論者として位置づけ直す。福祉国家に至る道筋で、深刻な葛藤があったことをマーシャルは語っているのだ。そして、平等な社会を実現したかに見えた福祉国家に、新たな矛盾が胚胎していることもまた、マーシャルは指摘している。二〇世紀中盤の福祉国家を相対的な安定期として評価する一方で、その前後の時代についてはシティズンシップをめぐる葛藤にもっぱら関心を寄せていたとすらいってよい。

マーシャルの議論において決定的に重要なのが、市民的権利と社会的権利の間の矛盾である。マーシャルは近代的シティズンシップを三要素に分析したことで知られるのだが、渾然一体だった中世的シティズンシップが分離しはじめるのはこの矛盾があったからだというのが、彼の主張なのである。

そのシティズンシップ定義は、こうした矛盾をはらむ歴史を分析しうるものとして考えられている。マーシャルによればシティズンシップとは「ある共同社会（a community）の完全な成員である人々に与えられた地位身分（status）」であった。したがってシティズンシップは国家の成員（国民）の地位身分に限られるわけではない。「シティズンシップと社会的階級」は、近代以前に村落共同体や都市、ギルドの成員資格などの多様なシティズンシップがあったことに触れている。近代以前に「諸制度が融合していたがゆえに、諸権利もまた混合していた」（Marshall and Bottomore 1992=1993: 16）ようなコミュニティが存在していたことに、この概念のもと言及しているのである。

社会的権利は二〇世紀になってはじめて現れたわけではない。近代以前には市民的権利や政治的権利と渾然一体となって存在していたのが、一八世紀以降分化が進みいったんシティズンシップから切り離され、二〇世紀になって復活したというのである。

社会的権利の源泉は中世的な地方共同体や職能組織の成員資格にあったが、これは近代的な経済領域における市民的権利の考え方と両立しなかった。市民的権利は、自分が結んだ契約にもとづいて希望する場所で希望する仕事につく権利を強調していたからである。社会的権利にかかわる最低賃金規制は、雇用に関する自由な契約という市民的権利の個人主義的原理に抵触した。そのため、渾然一体であった社会的要素と市民的要素は分裂を余儀なくされた（Marshall and Bottomore 1992=1993: 27-29）。こうして新しい産業資本主義と市民的権利が発達する一方で、旧い共同体とともに社会的権利はいったん衰退する。社会的権利の復活は、二〇世紀の福祉国家という新しい共同社会の形成を待たなければならなかった。

「シティズンシップと社会的階級」によれば、いったん衰退した社会的シティズンシップが復活する足がかりとなったのは、公教育である。公教育は、読み書きを保証し、契約締結をはじめとする市民的権利を行使するための判断力を養う。したがって教育を受ける権利は、社会的権利であるにもかかわらず、市民的権利と矛盾しない。政治的権利の行使のために、教育を受ける必要があることは言うまでもない。こうした点に注目して、市民的権利を軸とした自由主義を出発点として、福祉国家的なシティズンシップが成立する理路をたどってみよう。

2 福祉国家への理路

労働者階級の「市民」化

「シティズンシップと社会的階級」は、一九世紀の自由主義に福祉国家の萌芽を見いだす。社会的シティズンシップの成立が、一九世紀を代表する経済学者の一人であるA・マーシャルの議論を出発点として語られるのだ。彼の議論を、この論文は次のように説明する（Marshall and Bottomore 1992=1993: 7-11）。

A・マーシャルの関心は、すべての人が究極的には平等になれるかどうかという点にではなく、職業面ですべての人がジェントルマンになれるかどうかということにあった。彼は、人は生まれながらに労働者階級なのではなく、過酷な長時間労働が人を教養のない労働者階級にしてしまうと信じていた。それほどきつくない仕事に就いている熟練工たちは、すでにジェントルマンに近づいている。熟練工たちは単なる賃上げや物質的快適さ以上に、教育やレジャーが価値あるものだということを知った。その結果彼らは、人間としての自尊心や他者に対する尊敬の念を手にしつつある。彼らは市民としての私的・公的義務を受入れ、自分は製造機械ではなく人間なのだという真理をつかもうとしているのだ。すなわち、彼らは着実にジェントルマンになりつつある。技術の進歩が重労働を最小限にし、それがさらに分割されすべての人によって担われるようになると、過重な労働を強いられるものという意味での労働者階級は消滅するだろう。

こうしたA・マーシャルの発想には、一九世紀後半力を持ちつつあった社会主義思想に近いところがある。しかし、彼は自由な市場は保持するべきだと主張する。ただし、国家はある程度は介入しなければならない。とくに、子どもには学校に通うことを強制しなければならない。教育を受けていないものは善悪を判断できず、善を自由に選択することができない。この判断と選択の能力こそが、ジェントルマンと労働者の生活を分かつものである。初等教育という「最初の一歩」だけは強制する必要があるのだ。

彼のこうした主張は、過重な労働を削減し、すべての人に教育を施すための社会的費用は十分調達できるという経済的計算に基づいている。過重な労働なしでやっていけるのならば、出自にかかわらず万人は市民になりえることになる。

以上のようなA・マーシャルの議論を踏まえ、「シティズンシップと社会的階級」は、シティズンシップの平等が承認されれば社会的階級の不平等は受け入れられるという社会学的仮説を導き出す。

そして、この仮説が福祉国家において現実のものとなりつつあるとされる。

私的所有権や自由権を中心とする市民的権利にもとづく自由な市場は、不可避的に所得の格差と社会的階級を生み出す。こうした不平等は、社会主義運動の広がりにあらわれているように、多くの人びとにとって受け入れがたいものだ。しかし、教育や社会保障などの社会的権利により、標準的な文明生活が保証されるのであれば、市場から得る貨幣収入の多寡は受忍されうる。そしてその社会的権利のあり方は、普遍的な政治的権利の保障による万人の政治参加によって決定される。こうして市民的権利と社会的権利の相克は、福祉国家において調停されるというのが、「シティズンシップと社会的階級」の構想である。

この構想は、市民の資格要件とは善悪を判断しうる〈教養〉を有することだという主張を含意している。いまひとつの資格要件と考えられる〈財産〉の所持は、そのこと自体に価値があるのではなく、教養を身につけるための条件であると考えられている。この〈財産〉と〈教養〉を、教育と社会サービスを内実とする社会的権利で万人に保証しようとしたのが、福祉国家政策であった。

こうして自由主義が福祉国家的なシティズンシップを生み出すのだが、このことは、近代の公共圏に内在する矛盾にも関わる。

公共圏への参加資格

市民としての資格、そしてまた公共圏への参入の基準は、一定以上の〈財産〉と〈教養〉である。

しかし同時に、人間の平等をうたう近代的な理念のもとでは、公共圏は万人に開かれていなければならない。とすれば、万人が財産と教養を手にする道が保障されなければならない。こうして、公共圏は参入の基準がありながらも万人に開かれているという自由主義の規範が、福祉国家的なシティズンシップ成立の動因となったのである。

J・ハーバーマスが、政治的公共圏を文芸的公共圏と強い結びつきをもったものとして構想したことはよく知られている。公衆は、一八世紀の市民的な読書公衆として歴史にその明確な姿をあらわす。その際の公共圏への入場基準は一方で教養であり他方で財産であるが、事実上この二つの基準は同一の範囲に適用される。「というのは学校教育は当時、特定の社会的地位につくための前提条件というよりも、むしろその社会的地位からの帰結であり、そしてこの地位は主として財産を基準にして定められていたからである。教育ある身分とは、とりもなおさず、資産ある身分である」(Habermas 1990=1994: 116)。

フランス革命の有権市民の基準をみてもわかるように、政治的な公共圏への参加もまた、財産にともなう納税によって規定されていた。こうした政治的権利の制限は、それが私生活圏において経済的にかちとられた地位、すなわち財産と教養のある民間人という社会的地位の法律的な追認とみなされえた間は、「万人に開かれた」公共圏と矛盾するものではなかった。

しかし、万人に開かれているという公共性の理念を担保するには、万人に公共圏への参加資格を得るための機会がなければならない。「万人が参加基準を満たし、すなわち教養と財産のある人物たるための私的自律の資格を取得する平等な機会を万人に許容するような経済的社会的条件がととのったときに、はじめて公共性が保証されるのである」（Habermas 1990=1994: 117）。その保証をしたのが、当時の政治経済学である古典派経済学であった。以下のような論理でその条件はすでに整っていると主張したのだ。

古典派経済学は、三つの前提を設定する。第一に、自由競争は保証されている。第二に、この社会は小商品所有者たちからなるとみなされる。労働力を商品と考えることで、労働者も労働力商品を所有していることになるからだ。第三に、原理的には潜在的な労働力はつねに十分に活用され、恐慌はありえない。生産者・生産品・資本の完全な流動性のもとでは、供給と需要はつねに均衡を保つという、いわゆるセーの法則が成り立つと考えるからだ。これらの前提のもとでは、誰もが有能さと「幸運」さえあれば、財産と教養を持つ市民となる均等な機会を持つ。労働者階級であっても、自由競争のもと、労働力という商品を所持し、それを十分活用することが可能だからだ。それゆえ、公共圏は万人に開かれているといえる条件は整っていることになる。

とはいえ、一九世紀において実質的に公共圏に参加しうる市民であるのは、当然のことながらすでに財産主であったものだけであり、「彼らだけが財産秩序の基礎を立法的に保護しうる公衆を形成する立場にいたのである」（Habermas 1990=1994: 117-118）。しかし、こうした現実があったものの、「教養ある万人に開かれた公共圏」というイデオロギーは確立され、それに応じた制度も整えられた。これが結果的に財産主のみが市民であるという閉域を破ることになる。

福祉国家への転換点

Ａ・マーシャルの議論は、シティズンシップ形成のためには教育における国家の役割が必要であるとする点においては、介入を極小化すべきという自由主義の原則を逸脱する。しかしその逸脱は、彼が公共圏は財産と教養のある万人に開かれているという自由主義のいまひとつの原則に忠実であるがゆえに生じた。Ａ・マーシャルがジェントルマンに近づきつつあると評価したのは、熟練工という優れた技能、すなわち優越性のある労働力商品の持主である。過重な労働に従事しなくてすむ彼らは生活に余裕をもちつつあり、それに応じて教養を身につけつつある。彼らは財産と教養の持主になりつつあるのだ。

ただし、Ａ・マーシャルがすべての人がジェントルマンになるという社会構想を打ち出すとき、重視されるのは全ての人が熟練という技能を所持すること、あるいはその能力により蓄財することではなかったことは、すでに確認した。生産技術の発展により、重労働は寡少になる。それを皆で分けあえば、万人に余裕が生じる。これを前提にして、人々に基礎的な教養をつけさせるための国家による教育が行なわれる。そうすれば、万人はジェントルマンになるというのだ。市民の要件としての財産はそれ自体に価値があるわけではなく、教養を身につけられるような余裕ある生活の条件なのである。

ここに一九世紀的な自由主義からの転換点があるとＴ・Ｈ・マーシャルは考えた。そして、すべての人がジェントルマンになるとは、万人が文明的な生活をおくる条件を手にすることであり、したがって、すべての人が社会的な財産の分け前にあずかれるようになるべきだと考えることだと展開した（Marshall and Bottomore 1992=1993: 11）。万人が労働力商品を所有することではなく、すべての人が社会的財を分け合うことにより財産主になるという構想を打ち出したのである。市場の分配は残存するので財産の多寡はあるものの、社会的権利にもとづき万人が最低限の財産（たとえば住宅、あるいは医療費）は所有することになる。これに普遍的な教育が加われば、すべての人が財産と教養のある市民となる。これを実現するのが、二〇世紀の福祉国家だというのだ。

この構想は、公共圏には参加資格があるものの、万人に開かれているという矛盾の克服という動機によっても後押しされた。万人に公共圏への参加資格を認め、政治的権利を付与するには、万人に財産と教養を保証しなければならない。もちろん社会的権利の確立は、労働者階級の権利獲得闘争の結果だし、社会主義革命が多くの国々で起こったことの帰結だが、その成立への理路は自由主義の原則を発展させたものでもあった。

D・ヒーターをはじめとする現在のシティズンシップ論の主流の見解によれば、シティズンシップ論には権利を重視する自由主義的潮流と、義務や責任を重視する市民共和主義的潮流があり、権利の平等に重点をおくT・H・マーシャルは、自由主義的潮流の主たる論者と位置づけられる（Heater 1999=2002）。しかし、ここでみたような自由主義の原則の継承者であることをもってしてこそ、T・H・マーシャルは自由主義的シティズンシップ論者と呼ばれるにふさわしい。

しかしT・H・マーシャルに代表される福祉国家の構想者たちは、二〇世紀後半の社会への失望を隠さなかった。社会的権利という〈財産〉が保障されたのに、それにふさわしい〈教養〉を示さない者たちへの失望である。

3　市民性の衰退論

「ゆたかな社会」批判

「シティズンシップと社会的階級」を構想した二〇世紀中盤、T・H・マーシャルは万人が文明的な生活を送れる世界が実現されつつあると考えていたようだ。しかし、先進諸国が突入した「ゆたかな社会」において、今度は「文明的な生活」の質が問題になった。少なくとも一九世紀に比べれば、二〇世紀中盤の工場労働は過重ではなくなり、労働者の余暇は増え、教育水準も向上した。労働者の生活様式は中産階級的に、すなわち文明的になった。しかし大量消費社会へと移行していく二〇世紀後半の「文明」は、知識人たちを満足させるものではなかった。

T・H・マーシャルは、ガルブレイスのいう「ゆたかな社会」は、単に富んだ社会を意味しているのでも、貧困を廃止した社会を意味しているのでもない、という。この語は、生活水準よりもむしろ価値基準を示す。「ゆたかな社会」は生産を崇拝するが、その重要な特徴はむしろ生産物を吸収するために人工的に消費を刺激することにある。社会が豊かになるにつれ、欲求（want）はそれが満足させられる過程そのものによってますます作り出される。欲求は広告などによって育成され、人びとは競って模倣し、消費する。「ゆたかな社会」の生活は、福祉国家のいう真の必要（need）の充足とは正反対のものである。人びとは、所得を手にする方法には無頓着になり、所得を得て使うことだけに専念するようになる（Marshall 1963=1998）。人びとは、〈財産〉はあっても〈教養〉を欠くようになったのだ。

T・H・マーシャルの考える福祉社会は、こうした顕示的消費の対極にある。それは資本主義的市場経済を否定しないが、市場を制限したり商品の代替を用意したりすることによって達成される要素を含む。福祉社会は消費水準を押さえることを望んでいるわけではない。社会には豊かで、より多く消費するものがいてもかまわないのだ。ただし社会は「リスクをプールし、資源を分かち合うことによって消費が協同的になった、一種の共催クラブ」であるべきだ（Marshall 1963=1998: 333）。豊かなものもそれほどでもないものも、このクラブの一員であるべきなのである。

こうした合意は戦争と耐乏という第二次世界大戦前後の社会状況にもとづくものであり、福祉国家は「ゆたかな社会」にあわせて改造する必要があるのかもしれない。しかしもしそうであるならば、「ゆたかな社会」の精神を福祉国家の原則に合うよう変える必要もある、とT・H・マーシャルは主張する。彼に言わせれば、「ゆたかな社会」はそもそも精神性を欠いているので、この主張は福祉国家の精神を「ゆたかな社会」に注入するということを意味する。福祉国家の精神は、望ましい文明的生活という規範を重要な要素として含んでいる。〈財産〉を持った市民は、それにふさわしい〈教養〉を身につけていなければならないのだ。しかし二〇世紀後半、この文明的生活、市民としての〈教養〉が衰弱しつつあると、多くの論者は考えた。

公共性の衰退への懸念

ハーバーマスによれば、この衰弱は文芸的公共性に代わって文化消費という疑似公共的もしくは疑似私的な生活圏が出現したことの結果である。財産主であるという私的な事柄が公共圏への参加基準であることは、公と私を明確に区別しようとするならば矛盾をはらむ。それが正当化される理由は、政治的公共性に先立つ文芸的公共性が私生活圏から生じたことにある。市民的文化としてのサロンや読書会における議論は、生産と消費の外にあり、ギリシャ的な意味での政治的な性格を備えていたがために、そこで「フマニテート」（人間形成）という理念が育ったと考えられた。「財産所有者を自然的人格――端的に人間そのもの――と同一視することは、私的な領域の内部で、一方で私人たちが各自生活再生産のために追求する実業と、他方で私人たちを公衆として連帯させる交際との間を分離することを前提とする」（Habermas 1990=1994: 216）。私的な領域内でも、単なる私的欲望を追求する部分と、公衆たる基盤となる部分が分かたれていなければならない。読書にもとづく議論の場は公衆たる基盤と考えられ、その場を保証するがゆえに財産所有という私的事項を公共圏への参加条件とすることが正当化される。

ところが文芸的公共性が文化消費へと変貌していくにつれて、この私的領域内の分離がなされなくなる。余暇の行動は、生産と消費の循環の中へひきこまれて、もはや生活の必要から解放された別世界を構成しえない。サロンや読書会にみられる文芸的公共性が体現していたような古典的な政治性を、現代の余暇文化は持ちえないのである。したがって、文化消費は非政治的になる。余暇は労働時間の補完としてある限りは、私的事業の延長にしかすぎず、公共性をもたない。市場の法則が公衆の領域に侵入してくれば、議論はそれ自体が消費へと転化する（Habermas 1990=1994: 216-217）。

こうしてみると、ハーバーマスもまた、二〇世紀においてA・マーシャルの問題設定を継承している。A・マーシャルは、過重でない仕事に就き労働の世界とは別の世界（教育やレジャーなど）を持つ余裕があることを、市民性の条件としていた。ハーバーマスは、市民性は「実業」とは区別される文芸的公共性から発展するものと考えた。生産から切り離された領域で人間形成がなされるという理念が、近代的公共圏の基礎にはある。

確かに、万人が公共圏の入場資格を獲得するような文明は、一定水準以上の生産力を必要とする。しかし、自己目的化した生産の拡大は、無意味な消費の昂進を求めはじめているのではないか。そして、人間形成の領域が消費文明によって浸食されているのではないか。こうした懸念を、多くの知識人が二〇世紀後半の消費資本主義に対して抱いたのである。

労働倫理の衰退への懸念

二〇世紀前半に生まれたフォーディズムは、大量生産により豊かな文明生活をもたらした。二〇世紀後半の「先進」諸国において、フォーディズムによって生じた余裕を、労働時間の短縮によって果実としてわけあおうとする志向は、確かに存在した。オートメーション化により、現代人はオイコスにわずらわされることのなかったギリシャ市民のような政治性を手にするかもしれない、という展望が語られもした（Roche 1987）。

しかし、そうした志向は需要の拡大が止むこと、すなわち産業資本主義の拡大が止まることを意味した。余暇をお金のかからない読書や議論に費やすのでは、需要は生まれない。そのため新たな需要を掘り起こし、それを生産にフィードバックさせる、ポストフォーディズムと称される生産体制が要請された。ポストフォーディズムは、消費文化の拡大をますます必要とする。さらには、マーケティング部門の拡大にみられるように、消費文化の拡張自体を目的とするような仕事を大量に生み出す。

その結果、文明的な生活の基礎条件であった産業資本主義と、それに伴う労働者というアイデンティティ自体が掘り崩されることが懸念の対象となる。すでに明らかなように、自由主義の原則から言えば労働者であることが即市民であることとは言えない。むしろ、一九世紀的な労働者の生活を脱することが、市民の条件であった。しかし実際の福祉国家では、労働者であることが社会的な諸権利獲得の、基本的な要件になっていた。社会保険の受給資格を考えれば、それはすぐに了解されよう（Turner 2001, 亀山 2011）。

そこでしばしば求められるのが、労働倫理である。いわゆるワークフェアと呼ばれる政策は、ポストフォーディズムへの転換に際しての失業や不安定就労の増大とともに広がったが、そのもとでは、勤労意欲を示すこと、また実際に就労しようとしたり職業訓練に参加したりすることが、諸権利付与の条件になる（埋橋編 2007）。個々人の私的な労働倫理が、市民性であるとみなされるのである。

このことは、公的なものと私的なものの区別の変容、あるいは区別の崩壊を示している。ハーバーマスは、財産が公共圏参入の基準であるためには、私的な領域の内部で生活再生産のための実業の領域と、彼らを公衆として連帯させる交際の領域とが分離されていることが必要だったと指摘していた。分離された交際の領域にもとづく公共性こそが人間の本質であり、それゆえこの領域を保証する財産の持ち主を人間そのものだと考えることが許される。

しかし現代の社会政策では、生活を営むための労働こそが公的なものと考えられ、人間の本質を含意すると考えられるようになった。労働者であることや親であることがシティズンシップの諸権利を得るための条件なのだ。国民皆兵が多くの国で過去のものとなりつつあるいま、兵士という古典的な市民像は時代遅れになりつつある。それよりも労働者であることや親であることといった「実業」へのかかわりが、市民の諸権利を得るための主要な要件となっている。

その一方で、近代において公共性を担保すると考えられた「交際の領域」は、私的なものとみなされる。あるいは、ハーバーマスが文化消費の特徴として指摘していたように、実業の領域に吸収される。会社のために働くことと文芸作品を読み語り合うことのどちらが公的であるかと問われたとしたら、現代人の多くは、なぜそれが問いとなるのかを訝しみながら、前者だと迷いなく答えるだろう。彼らにとっては、実業の核たる労働こそが公的なことがらなのである。

このように、現代の市民性の衰退論には、少なくとも公共性の衰退論と労働倫理の衰退論という二種がある。衰退論が複数あることは、〈財産〉と〈教養〉のあり方をめぐる政治的立場と社会政策が複数あり、相争っていることと関係している。

4　ポスト福祉国家の政治

〈財産〉と〈教養〉をめぐる葛藤

先に触れたように、シティズンシップ論には、自由主義と市民共和主義という二つの潮流があるとされる。自由主義は共同体の個々のメンバーの権利の平等を重視し、市民共和主義は人びとの共同体への貢献に関心を払う。ここでは権利の平等を正義、共同体への貢献を徳と呼ぶことにしよう。

近年のシティズンシップ論において、正義よりも徳が重視されるようになったという見方がある。市民性の衰退が問題になっていたことからもわかるように、確かに徳への関心は強まっている。しかしW・キムリッカ（Kymlicka 2002=2005）も指摘するとおり、現状をシティズンシップが正義の概念から徳の概念へと変貌した結果だと単純に考えるのは誤っている。自分の正議論を広げるために、徳への関心に訴えるという政治手法が優勢になったと考えるのが妥当であろう。正義について政治的

図表 1-1　〈財産〉〈教養〉と政策類型

政策類型	〈財産〉調達先の重点	重視される〈教養〉
福祉国家	政府の再分配（社会的権利）	市民的公共性（政治性）
新自由主義	市場の分配（市民的権利）	企業家精神　自助・互助の道徳
「第三の道」	市場と地域（社会的包摂）	能動的参加（労働市場・相互扶助への参加）

（筆者作成）

立場間の相克があり、それに応じて徳についても複数の主張が存在するのだ。

主として個々人の平等にかかわる正義と、主に共同体の持続への貢献にかかわる徳の問題は、現代政治においてどう現れるのか。正義の問題は〈財産〉の調達先に深くかかわる。平等な分配をもたらす平等な権利とはなにかが問題となるからだ。そして、徳の問題は望ましい市民の〈教養〉とは何かという問につながる。共同体の維持発展のため必須なのは政治的な市民性なのか、それとも自立自助の勤労精神なのか、といった問題である。

近代的な自由主義においては、原則的には財産は市場での交換をもとに蓄積されるものだった。また、近代において市民の教養は文芸的なものから市民的なものに発展した公共圏――生産や再生産とは切り離された――と深くかかわっており、市民的徳は政治性に関係していた。勤労精神は近代の基礎かもしれないが、これは公的な徳というよりも私的な倫理というべきものだった。

それに対して現代の政治的諸潮流は、〈財産〉と〈教養〉の問題をどのようにとらえているのだろうか。図表１－１は、二〇世紀後半における政策類型を三種設定し、各々の特徴をまとめたものである。

福祉国家政策において、最低限の〈財産〉は政府による再分配により公共住宅や社会保障給付などとしてもたらされる。福祉国家では、再分配のあり方を決める政治に参加するための〈教養〉が必須である。とくに求められるのは、政治にかかわるための市民的公共性であり、政治性である。T・H・マーシャルをはじめとする福祉国家の理論家たちは、権利の平等という正義を重視する一方で、市民的公共性や政治性が衰退していることを懸念した。自由主義的といわれる権利論者が、政治的な徳が伴わないことを問題にしたのである。自由主義といいながらも、二〇世紀におけるそれは、政治的徳を重視する市民共和主義・民主主義的な政治観を引き継いでいたことがわかる。現代の体制がしばしば自由・民主主義と称されるゆえんがここにもある。

新自由主義政策では、〈財産〉は市場から調達されるものであることが強調される。正義として重視されるのは、自由権や財産権などの市民的権利である。「行き過ぎた」累進課税などによる市民的権利の侵害が問題にされる。

新自由主義が要請する〈教養〉は、企業家精神を核とする。公的な初等教育が否定されることはないものの、自立自助の精神が強調される。福祉分野でも自立自助は強調され、社会的権利を得ることで労働者が勤労意欲を失ったり、親としての責任を果たさなかったりすることが問題にされた。さらに、新自由主義者が共同体主義者（コミュニタリアン）を巻き込みながら問題にしたのは、コミュニティ活動への参加など、共同体の維持発展に直接かかわる徳であった（Heater 1999=2002）。伝統的には、市民の徳は生産や労働から切り離された公共性である。ギリシャ・ローマ以来の市民共和主義から自由主義的な福祉国家論に引き継がれてきたこの原則が、市民の徳を強調する新自由主義や共同体主義において転換された。政治的公共性から企業家精神や勤労意欲、コミュニティへの参加へと徳の概念を変容させたのである。

徳の変容と正義との融合

変容した徳のあり方は、イギリス・ブレアの新労働党に代表される「第三の道」路線にも引き継がれてる。

「第三の道」路線は、新自由主義同様に、〈財産〉をまずもって市場から得るものだと考える。しかし、企業家として市場から財を得ることをすべての市民に要求することはむずかしいし、労働市場にアクセスするのに不利な条件を持つものもいる。これらに留意するのが、新自由主義との相違点である。この路線は、万人が賃労働者として労働市場に参加する機会をもち私的な所得を得られるようにするために、労働市場への包摂を掲げる。政府の役割としては、完全雇用の実現ではなく、起業の促進や職業訓練の充実が強調される。また、官僚制が非効率だと批判され、政府と市民社会（ボランティア団体などの市民組織）のパートナーシップが強調されるもと、地域コミュニティもまた実質的な資源を獲得する場として重視される。正義は権利の平等というよりも、労働市場や地域社会への包摂（社会的包摂）として語られる（Giddens 1998=1999、亀山 2007）。

〈教養〉として「第三の道」が必要とするのは、企業家精神や勤労意欲だけでなく、労働市場への、あるいはまた地域社会などでの相互扶助への参加意欲である。勤労に加えて自助グループや地域社会への能動的参加が重視される。市民の徳が生産と切り離された政治性よりも、共同体の直接的な維持発展にかかわる広義の労働（勤労、子育て、ボランティアなど）と結びつけられているという点では、「第三の道」は新自由主義を引き継いでいる。

「第三の道」は社会民主主義と新自由主義の統合をうたうが、正義と徳の問題を融合させようともしている。貧困や格差の解決策として、正義にもとづく再分配よりも、労働市場と地域社会への参加の保障を打ち出し、シティズンシップを参加保障の概念へと転換しようとしているのだ（亀山2011）。諸個人は〈財産〉を社会的権利として受け取るというよりも、多様な社会参加による共同体への貢献という徳の発揮にもとづき市場や地域社会から獲得する。個々人の財産を保証すること以上に、人びとを社会的ネットワークに組み込むことが、社会的包摂や社会資本といった用語とともに重視される。政府の役割はその仕組みづくりにある。福祉国家政策のように全面的に人々の面倒をみようとするのでも、新自由主義のように単純に個人的責任に帰するのでもなく、共同体の維持発展に人々が参加しやすくなるような環境整備をするのが、政府の役目であり、正義と徳がともに満たされる道である。これが「第三の道」の構想である。

徳論を動員して自らの正義を訴えるのが政治的言説だとしたら、「第三の道」はその範疇にない。C・ムフ（Mouffe 2005）は、「第三の道」は敵を明確に設定せず政治的な対立を否認すると批判するのだが、脱政治の志向はこうした正義と徳の融合としてもあらわれている。
しかし、正義や権利をめぐる葛藤が消え失せたわけでは、もちろんない。

葛藤の再演?

徳や市民性の衰退を実証するのは困難だ。しかし、勤労やボランティアへの参加といった市民的な徳が福祉給付の条件とされるワークフェア政策をめぐる議論にみられるように、いかなる徳が衰退していると考えるのかが、政治的な争点となっている。

ただし、この徳をめぐる葛藤の基礎には、いかなる正義の構想を採用するかという権利をめぐる闘争があることを、忘れてはならない。正義よりも徳が重視されるようになったというよりも、正義については社会的権利の平等〈福祉国家〉から市民的権利の平等〈新自由主義〉へと焦点が移り、それにともなって徳は政治的な公共性から企業家精神や勤労意欲へと転換されようとしていると考えるべきだろう。「第三の道」はこうした権利と徳における転換を継承しながら、〈財産〉の調達先にかかわる社会的シティズンシップを再定義しようとしている。

市民的権利と社会的権利の葛藤は、現代政治でもやはり主要な課題であり、グローバル化の文脈でさらに大きな問題となりつつある。

近代化が進むもと、渾然一体だったシティズンシップの市民的権利と社会的権利が分化する。そして資本主義に必須の市民的権利が発達し、それと矛盾する社会的権利が衰退する。T・H・マーシャルは描いたこの葛藤の歴史は、グローバルな舞台で再演される可能性がある（亀山 2006）。福祉国家における特権としての社会的権利が、グローバル資本主義の発達のもと必要とされる世界規模での移動や契約のための権利（グローバルな市民的権利といっていいかもしれない）との矛盾を深めるからだ。福祉国家の社会的権利（内容）を実現するための政府による再分配は、はっきりと定まったメンバーシップ（範囲）と、納税などにおける高い貢献（深度）を要請する。グローバル化のもと、これらの範囲・内容・深度の維持は難しいかもしれない。実際、社会的要素をシティズンシップ概念から取り除き、人権概念で代替させることを有力な論者が提案している（Turner 1993,1997; Heater 1999=2002: 267）。福祉国家で一体化していた市民・政治・社会の各要素が分化し、市民的権利がグローバル化し社会的権利が衰退していく可能性があるのだ。

市民的権利と社会的権利の葛藤の背景には、ムフ（Mouffe 2000=2006）がC・シュミットを援用しながら指摘する、自由主義と民主主義の矛盾がある。個々人の人権や自由を尊重する自由主義は、法の支配を旨とする。それに対して民主主義は、平等、支配者と被支配者の一致、人民主権を主要な理念とする。自由権を主眼とする市民的権利と、強固な民主的メンバーシップを必要とする社会的権利もまた、原理的な対立をはらむ（亀山 2009）。

しかしムフも強調するように、自由・民主主義体制の優位性は、そうした葛藤を内包し、政治的対立を適切に発動させうる点にある。自由主義や市民的権利は「民主」的に支持された国家の人権侵害に対抗する原理になり得るし、民主主義や社会的権利は「自由」な経済活動の弊害を規制しうるかもしれない。自由主義と民主主義を区別しながら、両者を戦略的に葛藤させる政治的枠組みが必要なのである。自由な市場と平等なシティズンシップを、すなわち市民的権利と社会的権利を併存させた福祉国家は、葛藤をはらんだ体制を維持するしくみだったといえよう。

したがって、安易に社会的権利をシティズンシップから切り離したり、人権概念に解消しようとしたりするのではなく、市民的権利と葛藤をはらんだ共存をさせる道が模索されなければならない。そしてそれこそが政治的シティズンシップの主たる課題である。社会的権利にもとづく再分配とその市民的権利との対立がないもとでは、政治的シティズンシップの実質も失われてしまうだろう。

グローバルな社会的権利は、いまのところ現実味を持たない。そのあり方を決定するようなグローバルな政治的権利もまた同様である。しかし、グローバルな市民的権利が発達するとしたら、これまでの福祉国家的なシティズンシップとは異なる形で、新たな社会的権利と政治的権利が形成されるかもしれない。もちろん、その前に福祉国家的な社会的権利と政治的権利が衰退してしまうかどうかは、また別の問題である。

〈文献〉

Dwyer,Peter, 2004, *Understanding Social Citizenship: Themes and Perspectives for Policy and Practice*, Bristol: Policy Press.

Giddens, Anthony, 1982, *Profiles and Critiques in Social Theory*, London: Macmillan.

——— 1985, *The Nation-State and Violence*, Cambridge: Polity Press.（= 1999　松尾精文・小幡正敏訳『国民国家と暴力』而立書房。）

——— 1994, *Beyond Left and Right*, Cambridge: Polity Press.（= 2002　松尾精文・立松隆介訳『左派右派を超えて』而立書房。）

——— 1998, *The Third Way*, Cambridge: Polity Press.（= 1999　佐和隆光訳『第三の道』日本経済新聞社。）

Habermas, Jürgen, 1990, *Strukturwandel der Öffentlichkeit*, Frankfurt am Main: Suhrkamp Verlag.（= 1994　細谷貞雄・山田正行訳『公共性の構造転換　第2版』未来社。）

——— 1992, *Faktizität und Geltung*, Frankfurt am Main: Suhrkamp Verlag.（= 2003　河上倫逸・耳野健二訳『事実性と妥当性（下）』未来社。）

Heater, Derek, 1999, *What is Citizenship*, Oxford: Polity Press.（= 2002　田中俊郎・関根政美訳『市民権とは何か』岩波書店。）

Isin, Engin F. and Bryan S. Turner, 2002, "Citizenship Studies: An Introduction", Engin F. Isin and Bryan S. Turner eds., *Handbook of Citizenship Studies*, London: SAGE Publications, 1-10.

Isin, Engin F. and Bryan S. Turner (eds.), 2008, *Citizenship between Past and Future*, London: Routledge.

亀山俊朗 2006「シティズンシップの変容と福祉社会の構想」『福祉社会学研究3』東信堂。

——— 2007「シティズンシップと社会的排除」福原宏幸編『社会的排除／包摂と社会政策』法律文化社。

——— 2009「シティズンシップをめぐる政治」『大阪大学大学院人間科学研究科紀要』第三五号。

——— 2011「シティズンシップとそのコミュニティ」木前利秋・亀山俊朗・時安邦治編『変容するシティズンシップ』白澤社。

Kymlicka, Will, 2002, *Contemporary Political Philosophy :An Introduction*, 2nd edition, New York: Oxford University Press.（= 2005　千葉眞・岡崎晴輝訳『新版　現代政治理論』日本経済評論社。）

Levitas, Ruth, 2005, *The Inclusive Society ?*, 2nd Edition, Basingstoke: Macmillan.

Lister, Ruth, 2003, *Citizenship: Feminist Perspective*, 2nd Edition, New York: Palgrave Macmillan.

Marshall, T.H., 1975, *Social Policy: in the Twentieth Century*, London: Hutchinson.（＝ 1990　岡田藤太郎訳『社会（福祉）政策―二十世紀における―』相川書房。）

———— 1981, *The Rights to Welfare and Other Essays*, London: Heinaman Educational Books.（＝ 1989　岡田藤太郎訳『福祉国家・福祉社会の基礎理論』相川書房。）

Marshall, T.H., and Tom Bottomore, 1992, *Citizenship and Social Class*, London: Pluto Press.（＝ 1993　岩崎信彦・中村健吾訳『シティズンシップと社会的階級』法律文化社。）

Mouffe, Chantal, 1993, *The Return of the Political*, London: Verso.（=1998　千葉眞・土井美徳・田中智彦・山田竜作訳『政治的なるものの再興』日本経済評論社。）

———— 2000, *The Democratic Paradox*, London: Verso.（＝ 2006　葛西弘隆訳『民主主義の逆説』以文社。）

———— 2005, *On the Political*, London: Routledge.

Rees, Anthony M., 1996, "T.H.Marshall and the Progress of Citizenship", Martin Bulmer and Anthony M. Rees eds., *Citizenship Today*, London: UCL Press, 1-23.

Roche, Maurice, 1987, "Citizenship, Social Theory and Social Change", *Theory and Society*, Vol.16 (3): 363-399.

———— 1992, *Rethinking Citizenship: Welfare, Ideology and Change in Modern Society*, Cambridge: Polity Press.

Turner, Bryan S., 1993, "Outline of a Theory of Human Rights", *Sociology*, Vol.27 (3). Reprinted in: Bryan S. Turner and Peter Hamilton eds., 1994, *Citizenship: Critical Concepts volume II*, London: Routledge, 461-82.

———— 1997, "Citizenship Studies: A General Theory", *Citizenship Studies*, 1 (1).

———— 2001, "The Erosion of Citizenship", *British Journal of Sociology*, Vol.52 (2): 189-209.

埋橋孝文編 2007　『ワークフェア――排除から包摂へ?』法律文化社。

第2章

リスクとシティズンシップ
――「格差社会」における不確実性

――――――――――表　弘一郎

新自由主義の政治経済レジームと生政治が（少なくとも政治的なポーズとしては）もはや疎んじられつつあるなかで、その罪過が社会に重くのしかかっている。日本社会も例外ではない。近年の日本社会においては、「格差」や「不平等」が叫ばれて久しく、「あってはならない」はずの「貧困」が、「ワーキング・プア（働く貧困層）」の拡大や生活保護受給世帯の増大などを通じて今や社会的現象となっている。[1] 二〇〇八年秋のリーマン・ショックに端を発する金融恐慌がグローバルに深刻化するなかにあって、その傾向はナショナルな規模でもますます強まりつつある。二〇〇九年には相対的貧困率が初めて計測され、二〇〇六年時点で一五・七％（七人に一人が貧困状態）、子どもの相対的貧困率は一四・二％という高水準であったことが明らかにされた。派遣労働者はいつ「派遣切り」にあうかわからないリスクにさらされており、派遣切りにあった途端に多くの場合は住居も失い、生存すら脅かされる状態になってしまう。正社員もそうしたリスクから決して自由であるとは言えない。未曽有の大震災の後も状況に変わりはない。いや、むしろ誰にも分かるかたちで不確実性が顕在化している。こうしたリスク社会状況のもとで、リスクはいかにシティズンシップを侵害し、反対にシティズンシップはいかにリスクを縮減しうるのだろうか。[2]

本章では、リスクとシティズンシップとのこうした相剋を念頭に置きつつ、まず近年の「格差社会」におけるリスクと不確実性の増大を分析し（1）、個人化という文脈におけるリスクのあり様について具体的にみて（2）、社会的排除とのつながりを明らかにし（3）、リスク社会状況のもとでのシティズンシップの現状（4）とそのあるべき姿をみていく（5）。

1 「格差社会」におけるリスクと不確実性

格差感・不平等感の増大と不確実性

ひところ「格差社会」論争[3]が盛んだったが、そこで問題になったもののひとつに、事実としての格差・不平等と格差感・不平等感とのあいだの独特の乖離が挙げられるだろう。すなわち、客観的なデータから測定される格差・不平等よりも現実に感じ取られる格差・不平等の方が遙かに大きいという乖離である[4]。格差や不平等の客観的な程度とその主観的な実感とのそうした乖離は、不確実性の介在を示していると考えられる。白波瀬（2006a）によれば、「全体の不平等の程度は一九九〇年代に入りそれほど変わらない。しかし、人々は自らの将来やわが子の将来の見通しの悪さから、不平等をより敏感に実感する」（白波瀬 2006a: 8）。将来への見通しは当然現存の経済力や保有する資産に基づくために、その程度に応じた不確実性が個々人に立ち現れるだろう（もっとも他方で、「不確実だからこそ、人々は行動できる」（猪木 2003: 248）という言説もある。経済学において不確実性は経済主体が自己の行為の結果について確実な知識を有さない事態を指すが、そうした無知がかえって行為を可能にする場合もあるというのである）。

格差社会論で言われる不確実性は、概ねたとえば白波瀬（2006b）に見られるような「未来の見通しの悪さ」といった意味である。「いま、わが身の生活も一寸先はわからないし、わが子が将来自分より豊かになる確証などどこにもなくなった。格差論が浮上するのもわからないことではない」（白波瀬 2006b: 6）。こうした不確実性は、それぞれの置かれた状況に応じた主観的なものであるが、そこには各自に平等に与えられたはずの機会に基づいて発生した社会的な「優位性・劣位性」（白波瀬 2006a: 5）が反映しているように思われる。すなわち格差感や不平等感の増大は、客観的な指標に現われがたい不確実性の、さらに言えば、客観的な指標の後景をなしている不確実性の増大を指し示しているように考えられるのである。

リスク社会と不確実性

不確実性はまた、広く現代の表徴でもある。U・ベックによれば、工業社会の終焉とともに到来したリスク社会において、不確実性との関わり方は、「個人化（Individualisierung）」が進行し制度の安全保障がないそうした社会を生き抜く資格になるという（Beck 1986: 102）。その際、不確実性とは「個々人にとってなおまだ計算に入れることができコントロールできると思われる状況と、個々人にはもはやそうできないと思われる状況」とが区別できなくなる状態である（Beck 1997: 255-256　強調は原著者による）。ベックは計算可能に思われる前者の状態をリスク（Risiko）、計算不可能に思われる後者の状態を危険（Gefahr）と弁別し、その区別を立てることが個々人の生活遍歴《バイオグラフィ》にとって重要であると言う（Beck 1997）。リスクは個人の立場からは原理的に排除不可能であり、それだけにリスク解釈（何をリスクと規定するか）が重要性を増すのだが、「計算可能でコントロール可能に思われる状況」をリスクと名指すことによって、「直接に処理することが不可能な目に見えない危険」を解釈の上で排除し、リスクと危険の弁別されない不確実な状態を確実性へと縮減することが個々人にとっての生きる知恵となるわけである(5)（Beck 1986: 100-101）。

ベックは、今日の世界では、さまざまなリスク（環境、金融、軍事、テロ、生化学、情報など）の蓄積が圧倒的な存在感を示しているという。リスクが遍在する程度に応じて、反応は三つに別れる。否定（近代文化）、無関心（ポストモダニズム）、変容（グローバルなリスク社会）である（Beck 2010: 11）。

ベックに倣えば、格差が問題となるのもまさに現代社会がすでにリスク社会に変容しているからであろうし、かつては格差社会論が、最近では貧困の問題圏（岩田（2007, 2008）、岩田・西澤（2005）、橘木・浦川（2006）、湯浅（2008）、反貧困ネットワークの活動など）が等しく世論の関心を集めているのは、この不確実性の介在が鍵になっていると考えられる。山田（2004）によれば、現代のリスク社会において不確実性（山田はリスクと等置している）は遍在しかつ個人的な対処を迫るものとなっているのである。

しかしながら、不確実性は単に主観的な解釈や処世の対象に留まるものではなく、社会的規模と広がりをもつ事象でもあるだろう。不確実性、すなわち将来の見通しの悪さが問題になっているのは、つまるところリスクと危険の弁別自体が困難であり、確実性への縮減が十分になされえない事態を示しているのではないだろうか。不確実性はただ遍在しているだけでもなく、また個人的に対処が十分に可能なものでもないだろう。

2 個人化とリスク

「新しい」リスクと個人化

私たちはリスクがどのようなものであるかあらかじめ知らず、計算できず、反応できない――リスクと危険の弁別しがたい状態、すなわち不確実性の増大が指し示すのは、根本的にはこうした事態である。かつての福祉国家における「古い」リスクは、たとえば倒産、病気、事故、突然の死といったものであり、それらに応じて種々の社会的手当てが（不十分とはいえ）準備されていた。G・エスピン‐アンデルセンによれば、もろもろの社会的リスク（階級的リスク、ライフ・コースにおけるリスク、世代間リスクなど）から人々を防衛することが社会政策にとっての最大の目標だったのである（Esping-Andersen 1999: 32-46）。

「格差社会」における「新しい」リスクには多種多様なものがある。たとえば不安定就業、失業、離婚、引きこもりなどは、ホームレス状態に陥ること、母子世帯化や児童虐待、「無縁死」などにつながるかもしれない。それらに対する社会的手当てはあまりにも不十分であり、「自己責任」言説がまかりとおることからもわかるように、こうしたリスクの「新しさ」は、個別的に現象して個別的な対処を迫る点にある。

「個人化」が指しているのは、人間を伝統的な階級連関から解放するとともに、労働市場に媒介されたライフコースの行為者にする事態である。そのなかで市場における個人にとっては行為の新たな領域が開かれはするが、旧来の防御の装置はもはや使用に耐えるものではなくなる。個人の行為の可能性は増すが、同時に不確実性の増大によって行為の予測できない帰結に対する責任も増し、しかもそれを個人で引き受けざるを得なくなる。ベックは「新たなる貧困」と個人化とを結びつけて論じている。「個人化は、この『新たなる貧困』の独自性と矛盾するわけではない。個人化という命題《テーゼ》によって、その独自性が解明されるのである。大量失業は、個人化という条件の下では、個人的運命として人間に負わされる。人間は、もはや社会的に公然とした形ではなく、しかも集団的にでもなく、個々人の人生のある局面において、失業という運命に見舞われる。失業という運命に見舞われた者は、自分一人でそれに耐え忍ばなくてはならない」（Beck 1986: 144）。失業はもはや集団的経験ではなく、「失業という個人的経験」（Beck 1986: 145）になる。かつては集合的なリスクであったものが、個人化という文脈のなかで個別的に対処を迫るリスクとなるのである。

リスクと危険との間にはグレーゾーンが存在し、主観的解釈の入る余地があるが、そうした観点から述べれば、格差に伴うリスクの遍在と個人化が示しているのは、誰でも格差・不平等・貧困の当事者になりうる可能性である。増大する不確実性というブラックボックスのせいで、行為の帰結をあらかじめ見通すことができなくなったために、思わぬ結果が生じうる。そうした不確実性の高まりによる思わざる当事者化、さらには望まれざる被害者化の可能性が意識され認識されるようになったこと――このことが、格差社会論と貧困の問題圏双方において不確実性が問題になっている背景をなしていると考えられるのである。ここで観察されうるのは、個々人の意思決定にもとづきながらも予測不可能な結果へと至る不確実性であり、ベックの表現で言えば「作られた不確実性（manufactured uncertainties）」（Beck 2010: 12-13）である。

「作られた不確実性」の増大

現代の「格差社会」において、こうした不確実性が問題となり、思わざるかたちで当事者になりうる諸々の局面のうち、おそらく大多数の人びとにとって最も身近で普遍的なものは、不安定就業や失業の増大であろう。労働力調査詳細集計・二〇一〇年平均結果（総務省・二〇一一年二月二一日公表）によると、パート・アルバイト、派遣社員、契約社員等の非正規の職員・従業員は一七五五万人と、前年に比べ三四万人の増加となった（役員を除く雇用者に占める割合は三四・三％と、比較可能な二〇〇二年以降で最高）。ちなみに収入については、ワーキング・プアとされる年収二〇〇万円未満の職員・従業員が非正規の職員・従業員の五九・一％（男性）、八六・一％（女性）に上っている（もちろんこのなかには世帯収入でいえばプアでない人々が含まれている）。失業期間三カ月以上の完全失業者は二二三〇万人と、前年に比べ一六万人増加した（なかでも失業期間が一年以上の完全失業者は一二一万人と、前年に比べ二六万人増加し、三年連続の増加となった。実数は比較可能な二〇〇二年以降で最多、増加幅は比較可能な二〇〇三年以降で最大)。これら指標は容易に看過できない失業の増大と雇用の非正規化の進行を如実に示している。こうした雇用の非正規化や失業がもたらす不安定さと不確実性ともろもろのリスクは、人権をはじめとする諸権利の侵害にも至りかねない危険性も含めてつとに指摘されている通りである(中野 2006 など)。

たとえば、「ワーキングプアに関する連合・連合総研共同調査研究報告書Ⅰ ケースレポート編〜困難な時代を生きる一二〇人の仕事と生活の経歴〜」(連合総合生活開発研究所・二〇一〇年六月)によれば、ワーキング・プアとされる男性の多くが家族とのつながりが希薄で(四〇・七%)、何かを相談できる人間を持たず(三〇・三%)、男女ともに仕事を通したつながりが希薄である。また、雇用保険、健康保険、年金保険のいずれの社会保険についても、男性の未加入率が際立って高い(それぞれ七〇・九%、四四・二%、三二・六%)。同報告書は、労働における周縁性と雇用の不安定さが、貧困をもたらすだけでなく、家族、友人・知人、企業組織、地域社会とのつながりの弱体化をもたらしている事実を述べ、既存の社会保障制度がワーキング・プアの人々の困難を前にして機能不全に陥っている事態を指摘している(同一八頁)。

また、「住宅喪失不安定就労者」(いわゆる「ネットカフェ難民」)の多くは、居所と住民票所在地とが乖離しているために、選挙権を実質的に行使できない状態に陥っていると言われる。「住宅喪失不安定就労者の実態に関する調査報告書」(厚生労働省職業安定局・二〇〇七年八月)によれば、彼らの七三・二％は健康保険に未加入であり、七九％が年金保険に未加入である。彼らの四二・二％が悩み事を相談できる人間を持たず、四六・八％が将来の生活に対して不安を感じている（数値は全て東京の住居喪失者）。また、製造業の派遣社員にみられる昨今のいわゆる「派遣切り」においては、非正規雇用に胚胎される、ホームレス状態へ直結しかねない不確実性が剥き出しになり、シティズンシップにおける社会的権利が十分に保障されない恐れを生んでいると言えよう。

さらに重要なのは、「格差社会」において、こうした不確実性の認識は非正規の職員・従業員だけに限られてはいない点である。たとえば、「生活意識に関するアンケート調査」（日本銀行・二〇一一年一二月調査〔第四八回〕）によれば、勤労者全体の八六・三％が一年後を見た勤め先での雇用・処遇について不安を感じている。また、「勤労者の仕事と暮らしについてのアンケート調査」（連合総合生活開発研究所・二〇一一年一二月調査〔第二二回〕）によれば、勤め先と仕事に関する意識については、正社員の賃金には回復の兆しが見られず、勤め先の経営状況についても一年前より悪化したとの見方が増加している。また、勤労者全体の三九・六％が今後一年ほどの間に失業する不安を感じている（男性非正社員では五五・一％）。また、正社員においては勤め先が小規模で労組がない場合に強い失業不安を感じている（勤め先が九九人以下で労組がない正社員は五二・〇％）。また同アンケート調査（第一六回調査）は、労働者の権利の認知度が個人賃金年収二〇〇万未満の層などで低い可能性があり、セーフティネットの脆弱な層で社会的権利としての労働基本権の認知が進んでいないおそれを指摘している。

一方、失業者における不確実性認識についてみると、「失業者の暮らしと就職活動に関するアンケート」（日本労働組合総連合会総合労働局・二〇〇九年一〇月）は、失業者の五四％を占める前職正社員のうち五七％が将来の職業人生において目標や希望を叶える自信を持てず、失業者の五九・三％が再就職に悲観的であり、企業面接に至らない人が五一・九％に及んでいる事態を報告している。また雇用保険については、受給が終了してしまった人とそもそも受給していない人を合わせて、受給していない失業者が全体の六三％を占めている。

ここには、不確実性の増大を通じて、リスクがシティズンシップを蝕んでいる様が端的に表れているように思われる。かつては社会的リスクとして（不十分とはいえ）処理されたはずのものが、リスク社会状況のもとで個別化して現象することにより、市民性も諸権利をも根こぎにしていく。権利認知も権利行使も十分になされえず、市民性の基礎となる自律性も失われていく。社会的リスクももはや社会的には現象しないように見え、それと軌を一にして、社会的シティズンシップもすでに新自由主義によって削り取られているように思われる。

3 社会的排除

社会的排除、リスク、シティズンシップ

雇用の非正規化の進行と失業の増加や貧困の拡大が新たな不確実性の増大をもたらし、その結果

経済的脆弱さをもたらしているとするならば、それを社会的排除のひとつの側面として把握することが可能だろう。社会的排除は、ＥＵにおける取り組み以来、各国の社会政策の重要な焦点となっているが、[6]「不平等の拡大から生じた社会的結束の喪失と、社会的・経済的脆弱さが再び広がったこととを示そうとするもの」(Bhalla / Lapeyre 2004: 1) である。社会的排除概念は格差や貧困を個人の行動に帰責しない。「排除は、個人の失敗や社会的不適合に由来するのではなく、人々の中のある一定の部分が〔資本〕蓄積の新しいシステムの枠内で機能を充足することができなくなっていく過程の帰結である」(バラ・ラペール 2005: vi)。すなわち、社会的排除は、個人の行動の帰結よりも、ポスト工業社会やリスク社会の到来として語られる社会経済的構造の変化と関連しているのである。

　Ａ・Ｓ・バラとＦ・ラペールは、社会的排除の浸透に伴われる二つのリスクについて言及している。すなわち、「排除という各個人にとっての社会的《ソーシャル》なリスクと、社会関係の織物が傷つけられたせいで生じる失敗という社会構造的《ソサイエタル》なリスク」(バラ・ラペール 2005: iii) である。リスク社会状況のもとで排除は個人化したリスクとなるが、そうした個人化も社会構造の変動に起因するために、その意味で排除は「社会的」でありかつ大量現象である。また、排除は社会的紐帯の欠損に至るために、それに伴われるリスクは社会構造に関わるものとなる。これら二つのリスクがいかなる形で媒介されているのかは、個人化という条件のもとで不透明になっている。社会的排除の「社会性」は容易には理解されがたくなっている。

　ベックもまた、近年のドイツにおける失業と貧困に言及しつつ社会的排除の多次元性を端的に述べている。「住居がなければ仕事がなく、仕事がなければ住居はない。仕事と住居がなければ、民主主義はない」(Beck 1997: 254 強調は原著者による)。日本の状況で言えば次のようになろう。実際に住民登録している住居がなければ満足《ディーセント》のいく仕事が得られず、かといって何らかの所得がなければ満足のいく住居に入居することもできない。そして、仕事も住居もなければ、参政権はおろか、日本国憲法第二五条に規定されるいわゆる生存権すら十分に保障されえない（さらに近年の日本では、北九州市の連続餓死事件のように、行政のいわゆる「水際作戦」によって住居のあるなしに関わらず生存権が十分に保障されえないという、あってはならないケースが生じている）[7]。

社会的排除は、非正規雇用や失業や貧困をたんに経済的側面からのみ把握するのではなく、社会関係の側面からも把握する概念である。さらに社会的排除は、非正規雇用や失業や貧困に起因する当事者の社会関係の毀損だけでなく、広く社会的紐帯そのものの欠損をも表現している。

バラとラペールは、社会的排除を経済・社会・政治の三つの次元から整理し、従来の貧困概念から際立たせている（樋口（2004）はS・ポーガムとともに文化的側面＝否定的アイデンティティの形成をも挙げている）。社会的排除の経済的次元は、所得の不平等と長期にわたる所得分配の悪化とに見いだされる。グローバルな格差の拡大が経済的排除を表現している。排除の社会的次元は、さらに三つの側面を持つ。①社会的サービスへのアクセス（たとえば医療や教育、上下水道など）、②労働市場へのアクセス（雇用の不安定さ）、③社会参加の度合い（犯罪の増加やホームレス状態などによって測られる）。政治的次元において、社会的排除は人権や政治的権利が否定されることや、排除された人びとが政治的代表権や影響力をもたないことに関連している（Bhalla / Lapeyre 2004: 16-26）。

非正規雇用や失業や貧困の増大を社会的排除の分配的側面として把握するならば、その関係的側面としての完全なシティズンシップの欠如も同時に議論の対象となる。というのも、「雇用は所得へのアクセスだけでなく、社会的な正当性や社会的な地位をも提供する。労働市場へのアクセスは、完全なシティズンシップにとって不可欠なエンタイトルメントである報酬と経済的諸権利を諸個人にあたえる」（Bhalla / Lapeyre 2004: 19）からである。労働市場へのアクセスが可能になってはじめて報酬と経済的諸権利は保障され、その組み合わせによって完全なシティズンシップが保障されうる。したがって、不安定就業や失業や貧困は完全なシティズンシップの行使の機会をもてなくする恐れがある。社会的排除は、政治的次元において端的にシティズンシップの否定を含む。「社会的排除は、上記の諸権利〔シティズンシップの諸権利〕が否定されていることとの関連で、あるいは不完全なシティズンシップとの関連で解釈されうる」（Bhalla / Lapeyre 2004: 22）。社会的排除概念は、格差や貧困やシティズンシップ、リスク等のテーマをまとめる枠組みを提供するのである(8)。

ケイパビリティの剥奪としての社会的排除

A・K・センは、貧困を最小限満足《ディーセント》のいく生活を送るケイパビリティの欠如として理解するアリストテレス以来の歴史を踏まえて、社会的排除をケイパビリティ（人がなしうること、あるいはなりうるものという機能を達成する潜在能力）の剥奪と関連づけて理解している。A・スミスが『国富論』

で言う「恥じることなく公衆の前に現れることができない」というケイパビリティの剥奪は社会的排除の好例であり、他人と自由に相互行為をするケイパビリティが剥奪されているということ（より一般的には、剥奪された人々によって経験される、コミュニティの生活に参加することの困難）は、それ自体栄養不良やホームレスと同様に、重要な剥奪なのである（Sen 2000: 4-5）。また、さまざまな社会関係から排除されることによって、同じように他の形態の種々の剥奪に至る可能性が生じ、生活のさまざまな機会が制限されうる（Sen 2000: 5）。したがって、「社会的排除はケイパビリティのさまざまな失敗の間接的な原因になりうるだけでなく、そもそもケイパビリティの剥奪それ自体の一部になりうる」（Sen 2000: 5）。

またセンは、長期間の失業がもたらす効果は社会的排除概念によって分析できるとして、次の九点を指摘している（Sen 2000: 18-23）。①現時点での生産の損失、②スキルの損失と長期のダメージ、③自由の損失と社会的排除、④心理的な傷害と悲惨（自殺率の上昇など）、⑤健康障害と死亡率、⑥人間関係の損失、⑦モチベーションの損失と将来の仕事、⑧ジェンダーと人種の不平等、⑨社会的諸価値の弱体化。

バラとラペールは、こうしたセンの理解にもとづきながら、社会的排除のケイパビリティ・アプローチを整理している（Bhalla / Lapeyre 2004: 26-28）。「排除とはケイパビリティの問題であり、多様な仕方でリスクにさらされているという問題である」（Bhalla / Lapeyre 2004: 28）。社会的排除とはケイパビリティの剥奪にほかならず、同時に個人にとってのさまざまなリスクの増大と社会にとってのリスクの増加にあたる。問題は、排除された人々が本来何をすることができたか、そして何をすることができなくなっているか、その結果社会にどのような損失がもたらされているか（あるいはもたらさないとみなされているか）である。

R・リスター（2004）は、貧困には物質的側面以外に関係的・象徴的側面があるとして、声を上げられないこと、軽んじられること、屈辱、尊厳と自尊心への攻撃、恥辱とスティグマ、無力さ、諸権利の否定とシティズンシップの低下を挙げている（Lister 2004: 7）。「……空腹であったり家がなかったりすると、政治的・文化的権利を完全に行使するのは困難である」（Lister 2004: 161）。A・ギデンズ（2001）も、不平等が問題となるのは、自由にできる資源の量を測定する単なる統計上の数値であるからだけではなく、シティズンシップに直接的な影響を及ぼすからであると述べ、貧困であることによって、シティズンシップの諸権利が与えてくれるものを行使する機会の欠如に至る危険性を指摘している。すなわち、名目上は完全な政治的参加の諸権利が与えられている民主主義社会においてすら、貧困であることによって、民主主義の諸制度への参加から事実上排除される可能性を指摘している。

社会的排除についてはすでにEUが指標を開発しているが（European Commission 2006）、その多元性との関連で言えば、主にその経済的次元と社会的次元（なかでも雇用）に照準している印象が強い。合計二一の指標のうち、学生の識字率と平均寿命、低学歴率以外の一八の指標は所得に基礎づけられた貧困や不平等指数（ジニ係数や所得分配率など）であったり、雇用に関するもの（長期失業率など）である。社会的サービスへのアクセスや社会参加、政治参加と権利の側面、アイデンティティの側面（文化的次元）については指標が存在しない。この点を踏まえて提起された阿部（2007a）の定量的アプローチは多次元の分野を対象にしており、社会的次元については十二分に触れているが、権利とアイデンティティについてはなお考慮の余地があるように思われる。八次元の指標のうち、「制度からの排除」（選挙の投票や公共サービスなど）や「社会関係の欠如」（人とのコミュニケーションや社会的ネットワークなど）、「レジャーと社会参加の欠如」（社会活動など）は社会的サービスへのアクセスや社会参加や政治参加を対象にしたものであるが、たとえば雇用状況と制度からの排除を関連させたり、社会関係の欠如とアイデンティティを関連させたりする指標が考案される可能性もあるのではないだろうか。「格差社会」における昨今の権利侵害の実例を見る限り、この点を等閑にしてはならないように考えられる。

4　シティズンシップ

マーシャル・モデルのシティズンシップに対する批判

シティズンシップは、T・H・マーシャルの古典的な自由主義的定義によるならば諸権利のリストであるのだが（第1章を参照）、同時にそれは、特定のコミュニティと結びついた上での義務の側面を有していることが注意されねばならない[9]（Marshall 1992: 18）。特定のコミュニティの成員資格《メンバーシップ》は個人に諸権利を与えるとともに兵役や納税などの義務を課し、同時にアイデンティティの基盤を与える。

またシティズンシップは、国民国家を前提としたナショナルなものであるために、排除的な性質を有していると批判される。シティズンシップは、最初から領域性を有しコミュニティや社会の内部と外部とを区別するものである。[10]リスターによれば、シティズンシップの包摂的側面と排除的側面との緊張は概念そのものに内在している（Lister 2007: 49）。すなわち、シティズンシップは理念としては普遍的で包摂的だが、現実には女性、外国人、障碍者、同性愛者や差別された人びとを排除しかねない性質をもっている。

さらに、マーシャル・モデルで想定されているのはケインズ型福祉国家における完全雇用であり、不安定就業は勘案されていないという限界をもつ（Turner 1997: 178）。なおかつマーシャルは、ジェンダーを無視し、慣習的な性別分業を前提していたと批判されている。また彼は、人種とエスニシティにさほど関心を抱いていなかったとも言われる（Isin and Turner 2007: 8）。

社会的排除は完全なシティズンシップの欠如とも定義されるのだが、実はシティズンシップ自体がすでに、何らかのコミュニティの成員資格《メンバーシップ》（通常はナショナリティ）を前提している点に象徴されるような、包摂と排除の性質をもつのである。

たとえばいわゆる生存権について見れば、一九四六年制定の旧生活保護法では国籍要件が付けられていなかったのに対し、一九五〇年制定の現行生活保護法ではその適用対象が「国民」とされ（生活保護法一条・二条）、厚生省通知（昭和二九年五月八日社発第三八二号）により行政措置として外国人に生活保護法が「準用」されてきたが、一九九〇年には厚生省の口頭指示により生活保護の行政措置は永住者、日本人の配偶者等、永住者の配偶者等、定住者に限定されることとなった。このように、生活保護法に関しては、むしろナショナル・シティズンシップへ収斂する方向で進行してきたのである（もちろん、地方自治体による生活困難者のための無料定額診療事業や「互助会」（港町健康互助会など）の存在はある）。

存在論的安心への権利

成員資格《メンバーシップ》と市場に制約され排除的な傾向をもつこのようなシティズンシップに対しては、たとえば「包摂的シティズンシップ」（Kabeer 2005; Lister 2007）が提起されている。包摂的シティズンシップは次の特徴をもつ。①正義（同等のものとして、かつそれぞれ異なるものとして扱われること）、②承認（人間であることの本質的価値の承認、および差異の承認とそれへの敬意）、③自己決定（自己の生をある程度コントロールする能力）、④連帯（他者と一体になり、正義と承認を求めて他者と協働する能力）。

①の例としては、不法移民にも運転免許証を取得する権利を与えるアメリカ合衆国テネシー州の事例が挙げられている。②について、N・カビールはH・アーレントの「諸権利をもつ権利」を「それぞれの差異にもかかわらず完全な人間として、したがって完全な市民として認められる」権利（Kabeer 2005: 4）と解釈し、具体例として、ブラジルのファヴェーラの住民がシティズンシップの欠如を経済的剥奪よりはむしろ敬意の欠如として経験している事例を挙げている。尊厳と敬意は、

より見えにくくより平凡な生活の諸々の瞬間において、シティズンシップの観念にとって本質的とされる。③の例としては、移動や信仰の自由を含む初期の政治的・市民的権利もこれに該当するが、教育や所有、仕事、ヘルス・ケアなどといった資源にアクセスする上でのジェンダーの不平等に注意を払い、女性の自己決定の権利に関心をもつバングラデシュのNGO「ナリポッコ」の事例が挙げられている。④については、土地をもたない男女を組織して権利要求させるバングラデシュのNGO「ニジェラ・コリ」や、不法移民に運転免許証を与えるキャンペーンに参加したテネシー州の市民や、すべての周縁化された集団の諸権利のために闘っているサパティスタ民族解放軍・戦線の事例が挙げられている。

以上は主に発展途上諸国におけるシティズンシップだが、先進諸国においても包摂的シティズンシップは形式的な権利へのアクセスと同じように承認をめぐるものである（Lister 2007: 51）。それは具体的には文化的シティズンシップであり、すなわち「『異なっている』ことの権利、スティグマを押されたアイデンティティに再び価値を与える権利、これまで周縁化されてきたライフスタイルをオープンかつ合法的に受け入れ、妨げられることなくそれらを普及させる権利」（Pakulski 1997: 83）であり、「想像力やアイデンティティ、承認、所属といった問題に関わりのある」もの（Stevenson 2003: 36）、「排除されるべきものとみなされ周縁的であった様々なイメージや仮定、表現を再び作動させようと」するもの（Stevenson 2003: 18）である。

こうした両者の包摂的シティズンシップを結びつけるものとしては、B・S・ターナーの議論が参考になるかもしれない。ターナーは、社会的シティズンシップと人権の諸制度の発展をリスクのグローバル化と体系的に結びつけることにベック理論が失敗していると指摘し、近年生じてきた諸権利（安全な環境への権利、自生的な文化と土地への権利、エスニック・アイデンティティの権利）を下支えしているのは、「一般的な権利、すなわち社会保障に匹敵するものとしての存在論的安心（ontological security）への権利」であると述べる（Turner 2001: 13-5）。つまり、それらの新しい諸権利の根底にはアイデンティティの連続性を保障し秩序の感覚を保持する権利が存するとターナーは考える。いわば、リスクのグローバル化がそうした権利を必然的に要請しているというのである。「シティズンシップは、先進社会のもつさまざまな不可避のリスクからのある程度の保護を提供する社会的‐政治的システムなのである」（Turner 2001: 15）。さらにターナーは、グローバル化の発展がリスク環境と社会的諸権利の拡大のための一連の機会との両方を創り出していると述べ、「シティズンシップの拡大なしには、リスクのグローバル化は健康と幸福にとって全く否定的な帰結をもたらすだろう」（Turner 2001: 17）と結論する。存在論的安心への権利は、いわばもろもろのリスクから逃れて憂いがないことの権利、リスクを最小化し確実性を復権させる権利である(11)。

ターナーの挙げているのは第三世代のポスト・ナショナル・シティズンシップであるが、この「存在論的安心への権利」は、これまで検討してきたような、リスク社会において機能不全に陥ったナショナル・シティズンシップについても当てはまるだろう。ターナーの言うような人間の傷つきやすさ（vulnerabiliry）と社会の不安定さ（precariousness）は、リスク社会においてとりわけ先鋭化する。

個人化が苛烈に進行すればこそ、シティズンシップによる防御が一層要請されるのである。リスクがグローバル化し同時に個人化するなかで、「作られた不確実性」の増大によってシティズンシップ（とりわけ社会的権利）は掘り崩され社会からの排除が進行していく。しかしながら、そうした排除は社会的な規模で進行する大量現象であり、社会的な手当てを必要とする。社会的排除は新たなシティズンシップを必然的に要請するのである。「作られた不確実性」は人間の意思決定にもとづいているのだから、思わざる結果に対する責任も社会において取られなければならない。

すでに述べたように、リスクは個別的に現象するが、なかには本質的にナショナルな規模にすら留まりえない性質を有し、そのためにシティズンシップによる防御を必然的に招かざるをえないものも存在するだろう。たとえば、グローバルな環境破壊が安全な環境への権利の拡充を推進するといったケースである。この場合、リスク要因はグローバルであり、ナショナルな対応は長期的には意味をなさないだろう。リスクのそうしたグローバリティやトランスナショナリティが、グローバル・シティズンシップやトランスナショナル・シティズンシップを要請する契機は存在するものの、それを担う主体はいまだ不明瞭なままである。

5　新自由主義的シティズンシップを超えて

新たな不確実性を胚胎する非正規雇用と貧困の増大は、単に経済的事象であるに留まらず、シティズンシップを行使する機会の欠如にも至る危険性を抱えたものである。E・N・グレンが言うように、「形式的な権利では十分ではない。実際の実践を通じて行使されない限り、権利は形式的な要求に過ぎない」（Glenn 2004: 311）のであり、たとえ権利を保持していても行使の機会が事実上奪われているのであれば、シティズンシップのあり様としてはあまりにも不十分である。社会的排除に引きつけて言えば、格差や不平等に見られるような経済的次元における排除が、政治的次元における排除（権利行使の機会喪失）にまで至る事態が問題である。格差拡大の根底に横たわる非正規雇用と貧困の増大は、シティズンシップの性質そのものとそれへのアクセスのあり方、すなわち経済的要因によってその回路が閉ざされかねない事態に対して否応なく変更を課しているといっても過言ではあるまい。成員資格《メンバーシップ》の包摂／排除的な性質を抱えたままでいるのか、あるいはそれを越えた存立要件へ変容を遂げるのか、「格差社会」の現実がシティズンシップ論に対して突きつける課題はこの点にあるように考えられる。

「シティズンシップ教育宣言」[12]（経済産業省）はなるほど多文化社会における能動的な市民性を涵養する立場から出されているのかもしれないが、他方でたとえば生活保護のいわゆる「水際作戦」のような行政自身の手になる生存権の侵害は、社会参加の資質を育む上で障害とならないのだろうか。「水際作戦」については、生活保護の申請を拒否した自治体の対応の六六％に生活保護法違反の可能性があるという（日本弁護士連合会 2007）。シティズンシップ概念を社会参加の資質へとのみ読み替えることは、その実質である諸権利とそれへのアクセスを蔑ろにする解釈と捉えることができる（この点については第1章を参照）。シティズンシップの新自由主義的再解釈は、シティズンシップそれ自身がもつ可能性を切り詰めてしまうのである。市民的資質を重視するあまり権利へのアクセスを等閑にする新自由主義的シティズンシップの自家撞着を乗り越えるためには、義務や資質といった市民性のみを強調するのではなく、権利やアイデンティティの側面を重視しつつ、ポスト・ナショナルな形態の可能性を探ることが必要なのではないだろうか。

伊藤は、新自由主義の社会保障改革に対する対抗軸となりうるように生存権理念を再構築すべく、「生存権の保障は、給付による『健康で文化的な最低限度の生活』の保障にとどまらず、社会的に排除されないこと、つまり社会的メンバーシップの損なわれない状態をも保障するものとして再構成される必要がある」（伊藤 2005: 208）と提言する。

生存権は、日本国憲法第一三条に規定される個人の尊厳原理と幸福追求権という基本的人権の基本原理にもとづくものであるが、さらに伊藤が言うように、その保障は社会的包摂のあるべきイメージとしても描き出すことができるのかもしれない。その場合、生存権は「集合的な生活保障の権利」（同上）であり、ターナーの言う「存在論的安心への権利」とも一部重なり合うような、リスク社会におけるシティズンシップの新たな基底的イメージになりうるだろう。

もっとも、「社会的メンバーシップの損なわれない状態をも保障するもの」という伊藤の定義は、社会的包摂とシティズンシップとを関連づけて理解する上で非常に示唆的であるものの、なお成員資格《メンバーシップ》に規定されたシティズンシップに限定される点で限界があるように考えられる。具体的に述べれば、「外国人」の生存権はどのように保障されるのか、その場合の成員資格《メンバーシップ》をどのように定義するのか、という問題である。この点を踏まえると、リスク社会におけるあるべきポスト・ナショナル・シティズンシップは、「外国人」の生存権にせよ、非正規労働者の健康に関する権利にせよ、成員資格《メンバーシップ》に囚われることなく権利を保障しアイデンティティの連続性を担保するような存在論的安心のあり方でなければならないだろう。しかしながら、その具体的な方途はいまだなお十分に開かれてはいない。

※本章は、大阪市立大学経済格差研究センター CREI Discussion Paper Series No.10「『格差社会』とシティズンシップ」（二〇〇八年三月三一日）をもとに大幅に書き改めたものである。

〈注〉

（1）生活保護受給世帯・人員は急増しており、現在一、五一三、四四六世帯、二、〇八七、〇九二人である（厚生労働省福祉行政報告例、二〇一一年一二月分概数）。なお、日本の国籍を有しない生活保護受給世帯・人員数は二〇〇九年度で四四四、二九三世帯、七三二、四六七人である（二〇一〇年度厚生統計要覧）。ちなみに、二〇〇六年には格差拡大をめぐって国会で論戦が繰り広げられ、「格差社会」がその年の「ユーキャン新語・流行語大賞」トップテンに入ったことは記憶に新しい。同大賞には格差や不平等、貧困に関連する言葉が毎年度トップテンに入っている（「ネットカフェ難民」、「蟹工船」、「派遣切り」、「無縁社会」など）。

（2）リスクとシティズンシップという問題構成については、近年のイギリスの社会政策に焦点を当てて「福祉シティズンシップ」という概念を導入しているEdwards and Glover（2001）が存在するが、本章では日本の「格差社会」における不確実性を軸にリスクとシティズンシップとの相剋という観点に集中する。同書は「多くはグローバル化と関連した、経済的・政治的・文化的変化の増大という文脈のなかで、集合的な諸価値と集合的給付は維持されうるのだろうか？……個人化に直面するなかで集合的な諸価値を育む政策を展開することは政府にとって可能なのか？　このことは市場資本主義の利害関心のなかにあるのか？」（Edwards and Glover 2001: 11）と問いかけているが、本章も同様の関心を共有する。

（3）二〇〇〇年前後に書かれその後の議論の火付け役となったものとして、橘木（1998）、佐藤（2000）、苅谷（2001）などが、その後書かれたものとして、山田（2004）、大竹（2005）、橋本（2006）、橘木（2006）、吉川（2007）、浜田（2007）などが、さらに格差社会論と貧困論の研究蓄積を概観したものとして阿部（2007b）が挙げられる。また、格差と不平等をめぐるリーディングスも登場している（盛山（2008）、原（2008）、白波瀬（2008））。『社会政策研究』第8巻（東信堂、2008）の特集「格差論再考」をも参照。

（4）この乖離を取り上げたものに、大竹（2005, 2007）、白波瀬（2006a, 2006b）、猪木（2003）があるが、なかでも大竹（2005）は、所得格差の拡大以上に不平等感を持つ者が増加した原因を、将来の所得格差拡大予想を持つ者が所得格差拡大の事実認識を持つ者よりも多い点に求めている。この乖離をそうした将来予測に帰すことも不確実性との関連で重要であるが、むしろそれは、数値として測定される所得格差以上のものを指し示す表徴として捉えられるべきであろう。実際、大竹自身も暗にそうしたことを認めている（大竹 2005: 55）。

（5）「リスク」と「危険」はドイツ語においても英語においても若干意味を異にしているが（リスクという言葉はイタリア語の「危険に飛び込む」という言葉に発しており、ドイツ語には一六世紀に商業上の用語として入ってきた）、経済学においてはとりたてて区別されてはいない。むしろ経済学においては、経済主体の意思決定の結果が生じうる確率が計算可能な場合はリスク、確率が既知でない場合は不確実性と区別されている。リスクと危険というベックの区別は、リスク社会における不確実性の増大に注意を促す意図があってのことではないかと考えられる。いずれにせよリスクは、主体の意思決定に伴う計算可能と思われる否定的な結果という意味である。ベックは近年、脅威（病気や戦争など）、リスク（人間の決定を前提とした計算可能な不確実性。第一の近代の概念）、作られた不確実性（人間の決定にもとづくもので、社会に内在しており外部化できず集合的に押しつけられ個々人にとっては不可避なもの。第二の近代の概念）という区別を用いている。むろん、この三者は現実には交差して混じり合っている（Beck 2010: 12-13）。

（6）ヨーロッパにおける社会的排除について、詳しくは都留（2002）、小笠原（2002）、庄谷・布川（2002）、中村（2002）、さらにByrne（2005）を参照せよ。また、日本における社会的排除については、岩田（2008）、福原（2007）を参照せよ。

（7）社会保障責任の縮小と社会保障の市場化の進行に伴い、そうした市場から退出したとみなされる者には権利が満足に付与されない（伊藤 2007: 10）。本来は、第二五条第二項に規定された通り、「国は、すべての生活部面について、社会福祉、社会保障及び公衆衛生の向上及び増進に努めなければならない」はずだが、先のケースにおいては国の社会保障上の責任が放棄されている。なお伊藤は、生存権を「侵害された場合には裁判所で救済を受けることができる具体的権利」と解している（伊藤 2007: 32）。

（8）もっとも亀山（2007）は、シティズンシップ論と社会的排除論とが対立する場合があるとして、シティズンシップ論から社会的排除論を批判する立場（「福祉国家のリベラル化」を要請）と、社会的排除論からシティズンシップ論を批判する立場（「トランスナショナルな包摂」を強調）とを挙げている。

（9）実際、一九九〇年代におけるシティズンシップ論の隆盛は、権利パラダイムから義務パラダイムへの転換に基づいている。この点について詳しくは田村（2007）を参照せよ。

（10）ナショナル・シティズンシップを越え出るものとして、EUをモデルとした「多次元的シティズンシップ」（Held 2004: 114）や「多重的シティズンシップ」（Heater 1999）が構想されている。

（11）もっとも、同じく「存在論的安心」を用いるギデンズが「個人の直接の知覚環境にないものをも含む出来事に対する連続性や秩序の感覚」（Giddens 1991）と非常に広い射程の定義を行っているのに対して、ターナーの提示は抽象的なままに留まっており、存在論的安心への権利が具体的にどのようにして、どのような制度のもとで、どのような規模で保障されうるのか明らかではない。

（12）日本でもシティズンシップ教育に対する関心が高まりつつあるが、経済産業省（シティズンシップ教育と経済社会での人々の活躍についての研究会）の「シティズンシップ教育宣言」（二〇〇六年度）では、シティズンシップは、「多様な価値観や文化で構成される社会において、個人が自己を守り、自己実現を図るとともに、よりよい社会の実現に寄与するという目的のために、社会の意思決定や運営の過程において、個人としての権利と義務を行使し、多様な関係者と積極的に（アクティブに）関わろうとする資質」と定義されている。http://www.meti.go.jp/press/20060330003/citizenship-sengen-set.pdf を参照せよ。なお、マーシャル・モデルのシティズンシップからこのようなアクティブ・シティズンシップへの変容を巡って、仁平（2009）は的確に「シティズンシップ教育は新自由主義によるマーシャル殺しと共犯関係にあるのではないだろうか」（仁平 2009: 190）と指摘している。

〈文献〉

阿部彩 2007a「現代日本の社会的排除の現状」福原宏幸編『社会的排除／包摂と社会政策』法律文化社。

——— 2007b「日本の経済格差と貧困——研究の蓄積」福原宏幸編『社会的排除／包摂と社会政策』法律文化社。

Beck, Ulrich, 1986, *Risikogesellschaft: Auf dem Weg in eine andere Moderne*, Frankfurt /M.: Suhrkamp Verlag.（＝1998 東廉・伊藤美登里訳『危険社会——新しい近代への道』法政大学出版局。）

——— 1997, *Was ist Globalisierung?: Irrtümer des Globalismus – Antworten auf Globalisierung*, Frankfurt /M.: Suhrkamp Verlag.（＝2005 木前利秋・中村健吾監訳『グローバル化の社会学——グローバリズムの誤謬 グローバル化への応答』国文社。）

——— 2010, "Varieties of Second Modernity and the Cosmopolitan Vision", 6 November 2010, the Japan Sociological Society

Annual meeting.
Bhalla, Ajit S., and Frédéric Lapeyre, 2004, *Poverty and Exclusion in a Global World*, 2nd ed., Basingstoke and New York: Palgrave Macmillan.（= 2005　福原宏幸・中村健吾監訳『グローバル化と社会的排除――貧困と社会問題への新しいアプローチ』昭和堂。）
Byrne, David, 2005, *Social Exclusion*, 2nd ed., Berkshire: Open University Press.（= 2010　深井英喜・梶原泰久訳『社会的排除とは何か』こぶし書房。）
Edwards, Rosalind and Judith Glover(ed.), 2001, *Risk and Citizenship: Key Issues in Welfare*, London and New York: Routledge.
Esping-Andersen, Gøsta, 1999, *Social Foundations of Postindustrial Economies*, Oxford: Oxford University Press.（= 2000　渡辺雅男・渡辺景子訳『ポスト工業経済の社会的基礎――市場・福祉国家・家族の政治経済学』桜井書店。）
European Commission, 2006, *Joint Report on Social Protection and Social Inclusion 2006*.
福原宏幸編著 2007　『社会的排除／包摂と社会政策』法律文化社。
Giddens, Anthony, 1991, *Modernity and Self-Identity: Self and Society in the Late Modern Age*, Cambridge: Polity Press.（= 2005　秋吉美都・安藤太郎・筒井淳也訳『モダニティと自己アイデンティティ――後期近代における自己と社会』ハーベスト社。）
――――― 2001, “Director's Lecture: Future of Global Inequality”, 21 November 2001, LSE.
Glenn, Evelyn Nakano, 2004, “Citizenship and Inequality: Historical and Global Perspectives”, A. Kathryn Stout, Richard A. Dello Buono, and William J. Chambliss eds., *Social Problems, Law, and Society*, Lanham: Rowman & Littlefield Publishers, 309-31.
橋本健二 2006　『階級社会――現代日本の格差を問う』講談社。
浜田宏 2007　『格差のメカニズム――数理社会学的アプローチ』勁草書房。
原純輔編著 2008　『リーディングス戦後日本の格差と不平等２――広がる中流意識 1971-1985』日本図書センター。
Heater, Derek, 1999, *What is Citizenship*, Cambridge: Polity Press.（= 2002　田中俊郎・関根政美訳『市民権とは何か』

岩波書店。）
Held, David, 2004, *Global Covenant: The Social Democratic Alternative to the Washington Consensus*, Cambridge: Polity Press.
樋口明彦 2004 「現代社会における社会的排除のメカニズム――積極的労働市場政策の内在的ジレンマをめぐって」『社会学評論』第二一七号。
猪木武徳 2003 「なぜ所得格差が問題か――今後のリサーチの方向についての試論」樋口美雄・財務省財務総合政策研究所編著『日本の所得格差と社会階層』日本評論社。
Isin, Engin F., and Bryan S. Turner, 2007, "Investigating Citizenship: An Agenda for Citizenship Studies", *Citizenship Studies*, Vol.11(1): 5-17.
伊藤周平 2005 「シティズンシップ論と福祉国家の再編――日本における生存権理念の再構築にむけて」『ポリティーク』第一〇号。
―――― 2007 『権利・市場・社会保障――生存権の危機から再構築へ』青木書店。
岩田正美 2007 『現代の貧困』ちくま新書。
―――― 2008 『社会的排除――参加の欠如・不確かな帰属』有斐閣。
岩田正美・西澤晃彦編著 2005 『貧困と社会的排除――福祉社会を蝕むもの』ミネルヴァ書房。
Kabeer, Naila(ed.), 2005, *Inclusive Citizenship: Meanings and Expressions*, London: Zed Books.
亀山俊朗 2007 「シティズンシップと社会的排除」福原宏幸編『社会的排除／包摂と社会政策』法律文化社。
苅谷剛彦 2001 『階層化日本と教育危機――不平等再生産から意欲格差社会（インセンティブ・ディバイド）へ』有信堂高文社。
吉川徹 2007 『階層化する社会意識――職業とパーソナリティの計量社会学』勁草書房。
Lister, Ruth, 2004, *Poverty*, Cambridge: Polity Press.
―――― 2007, "Inclusive Citizenship: Realizing the Potential", *Citizenship Studies*, Vol.11(1): 49-61.

Marshall, Thomas H. and Tom Bottomore, 1992, *Citizenship and Social Class*, London: Pluto Press.（= 1993　岩崎信彦・中村健吾訳『シティズンシップと社会的階級――近現代を総括するマニフェスト』法律文化社。）
中村健吾 2002 「EU における『社会的排除』への取り組み」『海外社会保障研究』第一四一号。
中野麻美 2006 『労働ダンピング――雇用の多様化の果てに』岩波新書。
仁平典宏 2009 「〈シティズンシップ／教育〉の欲望を組みかえる――拡散する〈教育〉と空洞化する社会権」広田照幸編『教育――せめぎあう「教える」「学ぶ」「育てる」』岩波書店。
日本弁護士連合会 2007 『検証　日本の貧困と格差拡大――大丈夫？　日本のセーフティネット』日本評論社。
小笠原浩一 2002 「イギリス『社会的排除』対策と社会政策〈市民主義化〉の現地点」『海外社会保障研究』第141号。
大竹文雄 2005 『日本の不平等――格差社会の幻想と未来』日本経済新聞社。
――― 2007 「所得格差の実態と認識」『第八〇回日本社会学会大会報告要旨集　シンポジウム1格差社会――その現状と未来』。
Pakulski, Jan, 1997, “Cultural citizenship”, *Citizenship Studies*, Vol.1(1): 73-86.
佐藤俊樹 2000 『不平等社会日本――さよなら総中流』中公新書。
盛山和夫編著 2008 『リーディングス戦後日本の格差と不平等1――変動する階層構造 1945-1970』日本図書センター。
Sen, Amartya K. , 2000, “Social Exclusion: Concept, Application and Scrutiny”, *Social Development Papers*, No.1, Manila: Asian Development Bank.
白波瀬佐和子編著 2006a 『変化する社会の不平等』東京大学出版会。
――― 2006b 「格差論が見過ごしていること」神野直彦・宮本太郎編『脱「格差社会」への戦略』岩波書店。
――― 2008 『リーディングス戦後日本の格差と不平等3――ゆれる平等神話 1986-2000』日本図書センター。

庄谷怜子・布川日佐史 2002 「ドイツにおける社会的排除への対策」『海外社会保障研究』第一四一号。
Stevenson, Nick, 2003, *Cultural Citizenship*, Maidenhead: Open University Press.
橘木俊詔 1998 『日本の経済格差――所得と資産から考える』岩波新書。
―――― 2006 『格差社会――何が問題なのか』岩波新書。
橘木俊詔・浦川邦夫 2006 『日本の貧困研究』東京大学出版会。
田村哲樹 2007 「シティズンシップ論の現在」杉田敦編『岩波講座 憲法3 ネーションと市民』岩波書店。
都留民子 2002 「フランスの『排除 Exclusion』概念――わが国の社会問題に使用することは可能か」『海外社会保障研究』第一四一号。
Turner, Bryan S., 1997, "Citizenship Today: The Contemporary Relevance of T.H. Marshall", *The Sociological Review*, Vol. 45(1): 176-9.
―――― 2001, "Risks, Rights and Regulation: an Overview", *Health, Risk & Society*, Vol. 3(1): 9-18.
山田昌弘 2004 『希望格差社会』筑摩書房。
湯浅 誠 2008 『反貧困――「すべり台社会」からの脱出』岩波新書。

第3章

近代的諸権利の成立条件
——最初期マルクスの理論的模索

——————— 木前利秋

1　人間の権利と公民の権利——葛藤するシティズンシップ

若きマルクスの『ユダヤ人問題によせて』（一八四三年）には、「人間の権利」と「公民の権利」を区別した一節がある。この権利の分裂は、ヘーゲル的な「人倫態（Sittlichkeit）」が市民社会と政治的国家に分裂した現実を、法的権利の次元で写し取ったものだ。

政治的国家の構築と独立した諸個人への市民社会の分解……とは、同じひとつの行為によって遂行される。ところで、市民社会の成員としての人間、非政治的人間は、必然的に自然的人間として現れる。……なぜなら自覚的な活動は、政治的行動に集中するからである。利己的人間は、社会の解体から生じた受動的な結果、所与の結果にすぎず、……つまりは自然的な対象となる。政治的革命は、市民社会をその構成部分に分解しはするが、これらの構成部分そのものを革命し批判にさらそうとはしない。……つまるところ、市民社会の成員としての人間が、本来の人間であり、市民（citoyen）とは区別された人間（homme）と見なされることになる。それというのも、そういう人間は、感性を持った個人的なもっとも身近な存在だからであり、それ

> に対して政治的人間は、抽象化された人工的人間であり、比喩的で、道徳的な人格としての人間だからである。現実の人間は利己的な人間の姿において、真の人間は抽象的市民（citoyen）という姿において、初めてそれとして認められることになる。……現実の一人一人の個人が、抽象的な市民を自分のうちにとりもどし、個人としての人間が……その個人的諸関係の中で、類的存在となった時、つまり人間がかれの「固有の力」を社会的力として認識し、組織し、したがって社会的な力を政治的な力というかたちでもはや自分から切り離すことがなくなる時、はじめて人間的解放が成就されるだろう。（Marx [1843]1956=2005: 369=219）

近代社会では、ヘーゲルのいう人倫態の（家族をのぞいた）二つの契機が統合されずに分裂した状態にある。これは、個人の人格の次元でいえば〈シトワイアン〉と〈ブルジョア〉（右の引用では〈市民〉と〈人間〉）の分裂に照応し、法的権利のレベルでは〈公民の権利〉と〈人間の権利〉の区別に対応している。この二つの「権利」は、T・H・マーシャルの自由主義的なシティズンシップにおける二つの権利、市民的権利と政治的権利に符合する。また〈シトワイアン〉と〈ブルジョア〉という分裂した近代的な個人にたいする見方は、もともとマルクスがルソーから借りてきたものである（ルソー [1762]1954: 49）。ルソーをそのまま踏襲したわけではないが、フォイエルバッハ流の宗教的な「類的本質」（神という疎外された人間の類的本質）とは違って、おもに法や歴史の場面の社会性に棹さす流れで「類的存在」を解していたマルクスの発想が伺える（廣松 1971:163-164）。シティズンシップ論の系譜でいえば、そこに共和主義的なシティズンシップ概念との関連を考えることも不可能ではない。シティズンシップにおける自由主義と共和主義の伝統が合流した格好だ。

さらにマルクスは、公民の権利と人間の権利を人権の二つの部分だとも言っている（Marx [1843] 1956=2005: 362-364=208-211）。シティズンシップの二要素は、ここでは「普遍的な人権」の二部分に数えられる。あとからふりかえれば、ここでわたしたちは伝統的なシティズンシップ概念が近代的な人権概念から再規定された場面にも立ちあっている。

初期マルクスの一節にあった右の問題提起を起点にして、近代的シティズンシップ論が基本的にどのような問題構成からなるのかを探りたいのは、こうした複合的な諸契機をこの一節が暗示しているからだ。ただし初期といっても、ここで扱うのは、『ライン新聞』編集長として執筆を開始し、『独仏年誌』に『ユダヤ人問題によせて』を掲載するまでの最初期のマルクス、D・マクレランの言い方を借りれば「マルクス主義以前のマルクス」（McLellan 1970）である。プロイセン領におけるラインラント州民の諸権利をめぐる政治的、経済的論議に関わっていたジャーナリストのマルクスである。時代はプロイセンにおけるシティズンシップの制度的な確立期とほぼ重なる頃になる。

ちなみにマルクスの上の一節は、もともと「ユダヤ人問題」に触れた論考である。ユダヤ人の政治的解放を唱えたブルーノ・バウアー批判にまつわる論考だから、ユダヤ人の諸権利に立ち入るのが筋と思われるかもしれない。だがそこでマルクスは、ユダヤ人問題を正面から主題にしたというより、「〝ユダヤ人問題〟にことよせて、……より一般的な問題を論じている」（徳永 1997: 148）というのが正直な感想で、その「より一般的な問題」のすくなくとも一つが、シティズンシップ論の問題構成に関係しているのである。

なお本章でマルクスを取り上げるのは、シティズンシップの新たな理論的地平が「ポスト・ナショナル」な状況にあるにとどまらず、「ポスト・マーシャル的」とでも呼ぶべき状況にあることを指摘したいためでもある。今日、シティズンシップが国民国家を基本的な前提にした状況と異なる時代に入ったことは、コスモポリタン・シティズンシップの可能性を指摘する動向からも推測できる。しかしシティズンシップについては、その諸権利のグローバルな拡大と多様化が話題になる一方、「シティズンシップの浸食」(Turner 2001) や「シティズンシップの諸権利の弱体化」(Peled 2007) が議論の俎上に載せられるようになった。ペレッドはこうした事態を前にして「ポスト・シティズンシップ」的状況と呼んでいる (Peled 2007)。ただこの言い方をそのまま踏襲すると、シティズンシップの枠組み自体を放棄すると誤解されかねない。「シティズンシップの浸食」はたしかにシティズンシップの今日的な状況を突いている。だが、シティズンシップの権利が十分に行使できない状況は今になって始まった話ではない。葛藤するシティズンシップは、もともと資本主義と民主主義の葛藤に由来しており、その問題の原初的な姿が、最初期マルクスの理論的模索に垣間見えるのである。ここではシティズンシップが「市民的」「政治的」「社会的」要素の進化的な展開を自明のように解する見方が終わったことも念頭におきながら、「ポスト・シティズンシップ的」ではなく「ポスト・マーシャル的」状況と呼ぶことにしたい。若きマルクスの理論的模索を追跡することで明らかにしたいのは、マーシャル以後にまで及ぶシティズンシップの葛藤状況を、近代的諸権利の成立条件をめぐる考察に遡って探ってみることである。

2 身分制国家と近代的シティズンシップの成立

最初期マルクスと近代的諸権利の問題

一八四二年、マルクスは『ライン新聞』の編集長になった。この年を前後する一、二年は、ヘーゲル左派の思想的動きにとってもマルクスの知的発展にとっても画期的な出来事のあった年である。変化の波が押し寄せたきっかけは、プロイセン国王フリードリヒ・ヴィルヘルム三世の逝去後、新王四世が即位したことにあった。一八四一年にヘーゲル左派が一斉に踊り出て反政府的立場へ急旋回したのには、ヘーゲル学派の守護者と言われた文化相アルテンシュタインが死去したのもさることながら、新王による政治的な転換の起こったことが大きい（廣松 1980: 133, 1971: 106-107; MacLellan 1970: 98-106）。そしてこの年はまたプロイセン（さらにのちのドイツ帝国）におけるシティズンシップの制度的な成立と発展にとっても見過ごせない（Brubaker 1992=2005: 69-72=119-122）。

ちなみに冒頭に引いた一節がシティズンシップの議論に棹さしていることを口にした論者は少なくない（Delanty 2004: 70-71; Turner 1994b: 349; Heater 1999=2002: 18-19, 146）。しかし初期マルクスの他の論考について同様の事実を指摘したものは見あたらない。若きマルクスがシティズンシップの諸権利を意識しながら仕事に臨んでいたといえば、牽強付会の誹りは免れないだろう。だが、プロイセンの政治的状況を考えれば、ラインラント州民の権利と自由のあり方に筆が及んでもおかしくない。当時マルクスは、「ヘーゲル法哲学の徒」の面持ちで健筆を揮っていた（廣松 1980: 410）。最初に扱った論材は、新検閲令とラインラント州議会での「出版の自由」をめぐる討論である（廣松 1971: 115; Marx: 1956a, 1956b）。出版の自由に関連した言論・思想・信条の自由は、「シティズンシップの市民的要素」に数えられる。マルクスがジャーナリストとしてまず公共の議論に参与したのは、「出版の自由」という市民的権利の問題である。

プロイセンでの出版の自由は、一八一九年の悪評高い検閲令以来かなりの制限を受けていた。経済的な先進地域で自由主義運動も盛んだったラインラントの州議会では、検閲官の恣意的な介入だけでも防止することを求めた国王への請願が決議されており、この事実からも検閲の実情が察せられる。一八四一年一二月にフリードリヒ・ヴィルヘルム四世の新検閲令が、従来の審査を緩和すると称して発布された時、先王の「暗黒時代」を知るプロイセン領民にとって、新王の自由主義的譲歩に対する期待も熱かったらしく、一部のヘーゲル左派を含む自由主義者には、新検閲令がリベラルなものになると歓迎する向きもあったようだ。翌一八四二年、マルクスはこの新検閲令について論評した記事と、州議会での議事録公開および「出版の自由」にかんする討議内容について検討した記事を『ライン新聞』に掲載した。論評のトーンは、歓迎ムードとはおよそ異なっていた。

新検閲令は将来の出版の自由を約束するどころか、かえって検閲の強化につながるとマルクスは警告する（Marx [1842]1956a: 9）。新検閲令は、たとえば学問的研究に対して「検閲は真理のまじめで謙譲な研究を妨げてはならない」とした旧検閲令の意義を再度強調する。だが何をもって「まじめで謙譲」だと判断するかは、結局のところ検閲官の恣意に委ねられる。また旧検閲令では、宗教一般に対する批判を禁止するだけで、特定の宗教であるキリスト教に向けた批判は許容されていた。これに対し、新検閲令では、宗教批判の禁止がキリスト教批判の禁止に特定された（Marx [1842]1956a: 10）。マルクスは検閲の名の下に「政治的原理とキリスト教的＝宗教的原理との混同」が「公認の信仰箇条」と化している様を突いてみせる。

議事録の公開と「出版の自由」をめぐる討論にしても、批判は手厳しい。マルクスは、州議会での王侯身分、騎士身分（貴族）、市民身分（ブルジョアジー）の代表から出された、議事録の公開にたいする異議と「出版の自由」の請願にたいする反対意見が、それぞれ特定身分の利害の代弁にすぎないと難じる。のみならず、「出版の自由」とは、出版という「営業の自由」のことだと解してそれを擁護する市民身分の動議にたいしても、「自由」概念の粗雑な理解を論難する。出版の自由を、公的自由としての政治的権利に導く社会的前提と捉えずに、私的自由たる市民的権利の限度内でしか擁護しようとしない姿勢に異を唱えるのである。この点からも推されるように、検閲と「出版の自由」をめぐってマルクスが張った論陣は、シティズンシップの市民的要素に限らない。さらに森林盗伐の問題やモーゼル地方の貧窮民問題にかんする記事にまで目を配ると、その関心はシティズンシップにおける諸権利の体系にまで及んでいたことが分かる。

マルクスは、ラインラント州民たちの権利のあり方を吟味するなかで、すくなくとも三つの点で、近代的シティズンシップとその成立条件の問題に触れていた。第一に、マルクスは、当時の州議会が身分制議会だったために、議会が各身分の「特殊的利害の代表機関」（Marx [1842]1956b: 147）にとどまっていた点を論難している。われわれはこの指摘から、成員資格《メンバーシップ》としてのシティズンシップとその背景についてより広い議論を展開できる。第二に、彼は、「出版の自由」をめぐる州議会の討論に触れるなかで、近代的シティズンシップにおける市民的要素と政治的要素、さらには政治的公共圏の問題を取り上げている。われわれはマルクスの考察から、シティズンシップにおける諸権利の葛藤の背後に、市場経済と民主主義との葛藤を看取できる。そして第三に、マルクスは、経済的問題に立ち入る機縁となった木材窃盗問題を取り上げるなかで、「慣習的権利」の概念を提唱している。われわれはマルクスのこの提唱に、資本主義的な私的所有をシティズンシップの諸権利の体系というコンテクストで捉え直す道が開かれていたと考えたい。以下、これら三つの点を軸にすえて、われわれの考察を進めることにしよう。

プロイセンにおける成員資格としての近代的シティズンシップの成立

出版の自由にかんする議論を検討した記事で、マルクスは、さまざまな演説者の主張を吟味している。そこで第一に眼にとまるのは、吟味の対象とされた演説が異なった身分の代表的見解として理解されていたことだ。出版をめぐる討論には、諸々の身分からなる身分制議会の特徴が写し取られている。フリードリヒ・ヴィルヘルム四世は国レベルの議会の開設を約束しながら果たされず、州議会も身分制議会のままだった。元来これは、「ウィーン体制」の強化を目論んで、議会を全国単位の代表制議会ではなく州単位での身分制議会にとどめるように説得したオーストリア外相メッテルニヒの働きかけによる。州議会は、したがって、諸身分それぞれからなる「特殊的利害の代表機関」（Marx [1842]1956b: 147）にすぎない[1]。そこでは「個人ではなくて身分が論戦している」（Marx [1842]1956a: 34）。『ヘーゲル国法論批判』でマルクスが、近代特有の市民社会と国家の「分離を一つの矛盾と感じている」点に「ヘーゲルのはるかに深遠なところ」があると評価しながらも、中世的な身分制議会という「解消のみせかけで満足」しようとした点にその難点を読み取ったのは（Marx 1956f: 279）、この現実を目の当たりにしていたからだ[2]。

一八二三年に設立されたプロイセンの州議会は、だから王侯身分、貴族の代表者である騎士身分、市民身分、農民身分の代表者からなる。州議会議員選挙は土地所有を条件にした制限選挙だったため、州民の多くには選挙権・被選挙権がなかった。また議会は制度上、貴族が多数を占める仕組みにできていた。シティズンシップの確立を、あくまでフランス革命と代表制議会を規準に考えるなら、これは、近代的シティズンシップを確立させる基本的条件が成立していなかったことになる。近代的シティズンシップを語るとき、封建的な身分制や絶対主義の崩壊とともに成立したことを自明のようにみなしやすいが、プロイセンでは明らかに事情が違っていた。

だがしかし、はたして近代的シティズンシップが成立する条件として、フランス革命の道以外はどれも不完全で不十分なものにすぎなかったと言ってよいのだろうか――これは一度問い直してよい問題である。たとえばブルーベイカーは、プロイセンにおけるシティズンシップの成立について、次のように論じている。

> プロイセンでは、シティズンシップの基盤は絶対君主制によって、そして身分制を通じて確立された。シティズンシップはフランスのような身分制の徹底的な破壊を通じて出現したのではなく、身分制の国家化や一般化を通じて徐々に現れた。シティズンシップは下から完全なかたちで獲得されたのではなく、上から少しずつ負荷されていった。プロイセン国家は身分の自律性を破壊しはしたが、それらを、国家によって構成され、国家によって定義され、国家によって規制される団体へと変えていった。（Brubaker 1992=2005: 61=106）

引用にある「身分の自律性」とは、中世における身分集団が、国家の包括的な法的秩序に組み込まれずに、自律した「社団」として機能したことを意味する。「社団」とは「行政・司法・租税上の「特権」を国王によって認可され、その限りで「自由」を保証されている法人格」（柴田 1983: 86）のことである。この身分集団を国家というレベルの法的秩序に組み入れて身分の自律性を破壊し、国家において統制される社団に転じたこと、一七九四年に制定された一般ラント法以来、可能になったのがこれだ。といってもそれは身分制そのものを廃したのではない。むしろ社団は、国家全体の政治・経済における機能に応じて区分され、「その機能に見合った独自の権利、義務が付与された」(Brubaker 1992=2005: 59=103)。一般ラント法という国家的な枠組みのなかで、身分的な成員資格が成文化され、身分制は国家レベルでの再編を通じて一般化される。これがプロイセンにおけるのちの国家的な成員資格《メンバーシップ》、あるいは成員資格からみたシティズンシップの第一歩となった。そのため、貴族層が農民身分にたいする裁判権を保持したままだったように、[3]「身分制の国家化」ゆえに、特定身分に与えられた特権が一九世紀半ばまで残存していた。プロイセンが一八世紀後半に「社団的・特権身分的な社会を基盤とした近世国家から、公的で、抽象的な制度国家」(阪口 2001a: 153)へ移行し、一九世紀前半に「身分制社会から市民社会への」転換期にあったことはまちがいない(阪口 2001b: 191)。しかし一八五〇年代の「反動の時代」には、王族、軍部、ユンカーや官僚など、「伝統的支配層の権威主義的統治が国政や地方政治の面で復活」する(末川 1996: 350)。マルクスが身分制的な州議会で目撃したのは、メッテルニッヒ外交がウィーン体制の下に宿痾として残した、これと類似の保守主義的な残滓だった。

興味深いのは、この動きのなかで「市民身分(Bürgerstand)」が占めていた位置である。中世以来の伝統的な身分としての市民とは、都市に土地・家屋を持ち、商業・手工業など市民的職業に従事し、都市の法のもとで権利と義務を有する「完全市民」を言うが、ここでいう市民身分はこの都市市民のことではない。一般ラント法の規定では「貴族や農民身分に属していないすべての人びと」、つまり貴族や農民以外の残り部分を表した身分にすぎない。この意味では、近代的シティズンシップの担い手となるはずの市民という身分は、主要な社会的活動を担った普遍的集団として積極的な意味では規定されず、いわば残り部分として消極的な意味で定義されていた。この状態は、僧侶や貴族など第一・第二身分に対抗して、「第三身分は一個の完全な国民である」と断言できたフランス革命期のシィエスの社会的背景とも隔たりが大きい（Sieyès [1789]1970=2011:11）。マルクスが立ちあったのは、こうした「身分制社会から市民社会へ」の転換期における州民たちの近代的な権利の問題である。

たしかにこれはドイツ諸邦が抱えていた特殊な状況ではある。しかしもしプロイセンや他のドイツ諸邦のこうした状況が、シティズンシップの歴史にとっての例外にとどまらず、近代的シティズンシップが確立し変化していく上での特徴的な一面をも表しているとすれば、わたしたちは次のような一般的可能性をそこに想定することもできる。近代的権利というものを特権と峻別するだけでは、シティズンシップの権利に関わる現実を掴んだことにはならないというのがそれだ。近代的な権利は、概して何らかの特権と共存し対抗するなかで発展してきた。成員資格《メンバーシップ》としてのシティズンシップにはしばしばこの特権と権利との葛藤が伴う。このことは、内実に違いはあるものの、身分制議会から代表制議会に徐々に変化していった一八世紀イギリスの憲法体制にもあてはまる。近代国家が成立したからといって特権集団がすぐに消えてなくなるわけではない[4]。シティズンシップの権利を手にした市民は、ただちに一様で原子的なばらばらの私人になったというより、何らかの社団・団体・結社等に所属した個人であった。しかもそれら諸団体は、成員資格としてのシティズンシップを構成し、何らかの権利あるいは特権を担う集団でもあった。

市民的諸「団体」の叢生

もちろんここでいう団体や結社は、身分制的な「社団」だけに限られない。集団のある部分には、伝統的な結合関係に根ざした身分集団以外に、「社団」とは異質の自発的な市民結社が、先進的な貴族や市民の手で創設された。そこには近代の個人的権利を成立させる上で見逃せない側面がある。近代的シティズンシップが確立するプロセスを、わたしたちは分裂し孤立した諸個人からなる近代市民社会が、経済的・私的に自律した領域として成立するプロセスに符合したものだと解しやすい。冒頭に引いたマルクスの一節も明らかにこの考えを前提にしている。シティズンシップが拡大する過程は、それを手に入れた個人が市民たる地位を確立する過程だとみなされる。しかし個人的な諸権利の束としてのシティズンシップと完全な成員としてのシティズンとの図式的な対だけが、シティズンシップのあり方を考えるシェーマではない。これを自明のように考えると、市民たる地位の自律性はまずのところ経済的自律性として捉えられ、市民社会における個人主義は所有個人主義としてしか理解されない。

身分制を徐々に解体して市民社会が成立していくプロセスでは、近代的なものが伝統的なものを完全に破壊する場合とは違った別のモダニティが出現してくる。近代は、伝統から距離をとってそれと反省的に関わり、必要とあればその内容を変更する。しかし伝統との反省的な関わりは、かならずしもつねに伝統の完全な消滅を意味するわけではない（木前 2003）。市民社会の成立は、経済的・私的に自律した原子的な諸個人たちの社会が確立するプロセスであるだけではなく、身分社会での諸団体が、集団性の契機を保持しつつ「社団《コルポラツィオン》」とは別の新たな形式に取って代わり、多種多様な「団体《アソツィアツィオン》」として社会的・倫理的に自律していくプロセスでもある。そこからは、「身分制的に固定された古い団体に代えて自由な結社に社会の倫理的秩序を担わせようとする」（村上 1985: 130）さまざまな試みが現れる。なかには、社会主義的なアソシエーション思想もふくまれるが、それだけではない。下からの反体制運動や抵抗運動のみならず、支配層や体制側の学識層からも結社・協会運動のさまざまな試みが存在した（村上 2003）。オットー・ダンは、一八世紀後半から一九世紀前半のあいだにドイツ諸邦で多様な結社・協会形成の動きがあったとして、愛市協会、読書協会、秘密結社、インフォーマルな行動グループ、政治的討論サークル、学生の改革運動、民族的・政治的な支援団体の七つの類型を挙げている[5]（Dann 1976）。

　冒頭で引いたマルクスのいう「人間の権利」が、仮に「利己的な人間」の経済的権利に還元されず、「道徳的な人格としての人間」の政治的権利と分裂しない可能性があるとしたならば、市民社会における結社や協会の果たしえた歴史的役割は小さくなかったはずだ。近代的シティズンシップの歴史は、市民的結社や協会、職人組合など多様な集団形成をともなった社会運動を介して、市民や労働者が権利を手にしたプロセス（Giddens 1985: 201-209）からなる一方、さまざまな自発的結社を通じて、「シティズンであること」を身につけるようになったプロセス（小関 2000）でもあった。もちろん個人としての自律か集団としての自律かは、シティズンシップにとって単純な〈あれかこれか〉の選択ではない。市民たちは、市民的－経済的権利によって私的自律性を、政治的権利によって公的自律性を相互に承認し（Habermas 1992: 109-110）、さらに社会的権利によって社会的自律性を国家に要求するが、これらは、一定のまとまりをなしながら「個人性」の自律的な構築を可能にする一方、大なり小なり労働組合、政党・政治団体、相互扶助組織など「連帯性」の自律的な構築と表裏の関係で成立していた[6]。シティズンシップの自由主義的伝統と共和主義的伝統とのいわば近代的な合流点がここにある。市民の諸権利が個人の自律性を保障できるだけの効力を発揮するのは、当の市民の側に市民としての地位を実質的なものにする集団・団体形成の社会的条件が整わなければならない。これが近代的諸権利の第一の成立条件である。

もちろんこうした結社や協会が、身分的な階層関係から完全に自由な平等の市民関係を実現したかどうかはあやしい。実際には平等な市民の観念が「階層化された社会秩序」と同居していたとみる方が実情に近い。S－L・ホフマンは、一九世紀の「市民結社」が、メンバーの間では「平等主義的」でありながら、外部の世界に対しては「エリート主義的」であった現実を語っている（Hoffman 2006=2009: 51）。身分的「社団」から市民的「団体」への移行は、平等化の十分な達成となって現れず、逆に階層的な排他性を存続させながら進んだ。

市民結社の会員たちは、大多数が富裕で教育のある、上層中産階級の人びとであった。若い職人たちは、しかしそれにかわるものを、とりわけ愛国的な合唱クラブや体操クラブに見いだしている。……それほど富も影響力もない都市中産階級の人びとは、一つか二つのアソシエーションに所属するだけで満足しなくてはならなかったが、彼らと対照的に銀行家や実業家、工場経営者などは、政治的野心を抱いている場合にはとくに、複数のアソシエーションに同時に所属していることがよくあった。要するに、階級がアソシエーションにおけるメンバーのステータスにとっては重要だったのであり、もしある人がアソシエーションのメンバーになることができた場合、まず最初にものをいうのが階級であった。(Hoffman 2006=2009: 54)

シティズンシップの権利と義務は、成員たる市民に平等に付与されるといわれる。シティズンシップの諸権利は、市民にたいして形式上平等に付与されたとしても、条件次第では実質上の不平等に帰着することがある。その条件として大きな位置を占めていたのが、協会・結社などの諸団体だった。身分制的な階層関係を残存させ変容させせながら近代的な階級関係が形成される場合、シティズンシップの諸権利は、市民たちが所属するアソシエーションの力関係に応じて、支配層の特権化された身分を保証することもあれば、市民層の平等化された地位を可能にすることもありえたのである[7]。マルクスが、出版の自由めぐる州議会について、そこでは「個人ではなくて身分が論戦している」(Marx [1842]1956a: 34)と語った背景を、わたしたちはこのように敷衍することができる。

3 「出版の自由」とシティズンシップの諸権利

近代的権利の成立条件としての市民的公共圏

一九世紀前半のプロイセンでは、成員資格《メンバーシップ》としてのシティズンシップは、市民たちが何らかの団体に所属することを通じて成立した。したがって、シティズンシップの諸権利が支配層の特権として享受されるのか、それとも市民層の権利として実現されるのかは、それら諸団体がどのような力関係に置かれるかに応じて異なっていた。ところでマルクスの記事には、身分間の関係とはちがった脈絡で、権利と特権とを対比した議論がある。シティズンシップ論との関連で、マルクスの論評について第二にあげておきたいのは、「出版の自由」という州民の権利が、一方で「出版の自由」について討論する州議会議員たちの特権との対照で論じられ、さらに他方で「出版の自由」が「営業の自由」との区別でも論じられていた点である。

州民は出版の自由という権利を与えられていないのに、議員たちは出版の自由を認めるか否かについて自由に議論できる特権を享受している。身分制議会は、よく見たところでも諸身分の特権同士が競合する場にすぎない。「中世の身分制議会は、国民のすべての権利をみずからのうちに吸収して、それを特権として国民に対抗して行使した」（Marx [1842]1956a: 41）。州議会議員のこの特権は州民の権利にもとづいて成立するのではない。特権はむしろ権利を排除する。マルクスは権利と特権とをこのように対照させる[8]（Marx [1842]1956b: 51）。だが他方で、「出版の自由」がある普遍的な意義をもつ点にも触れている。政治的公共圏がそれだ。

マルクスがジャーナリストとして素材にした資料は、まことに味気ない論材、ライン州の議事録である。ただ議事録を取り上げることのできた背景には興味深い当時の政治的事情が介在していた。何より指摘してよいのは、州議会の議事録の一般公開が当時初めて認められたことだ。州議会の実情を考えれば、これは画期的な出来事だった。市民的公共圏に不可欠の条件となる「公開性の原則」（Habermas [1962]1979: 83）が、ここではじめて芽吹いたからである。

> 州議会がその討論を省略なしで公表するときには、州議会は州議会議員の特権ではなくなり州民の権利となること、いまや直接に公衆の精神（öffentlicher Geist）の対象となった州議会は、それ自身、公衆の精神を対象化したものとなる決心をつけなければならないこと、州議会は、……自己の特殊な本質を捨て、普遍的な本質を獲得しなければならないということ、これらのことをこの演説者が感じ取った気転は、認めてやらなければならない。（Marx [1842]1956b: 43）

議事録が非公開で議論が秘密裏におこなわれるかぎり、討論は議員だけに閉ざされ、州民に向けて開かれることはない。だが議事録が公開され、政治ジャーナリストの手で公共の論議に付されるようになると、身分制議会のなかで秘密裏にされていた論戦が市民の眼にさらされる。討論に加わることは議員の特権ではなくなる。「中世の身分制議会は、国民のすべての権利をみずからのうちに吸収して、それを特権として国民に対抗して行使した」。「討論の公表がもはや州議会の英知の恣意にゆだねられないで法律上の必要事となったときはじめて、州議会は州民の手中におかれたことになる」（Marx [1842]1956a: 41）。ここでマルクスは議会において制度化された政治的公共圏が公衆としての州民たちに開かれるようになった場面に逢着している[9]。身分制的な議員の特権を廃して、州民たちの近代的諸権利を成立させる第二の条件は、公開性の原則にもとづく政治的公共圏である。

ここでわたしたちは政治的公共圏の成立に関連して、マルクスの論議が幾重にも重なった脈絡からなっていたことに気づく。時代はまだ十分に自由な出版が認められないまま、議会で出版の自由をめぐって論が闘わされた。そこでは、討論の前提として、はたして議会討論を公表してよいものかどうかも、当の議会で論議の対象となった（Marx [1842]1956a: 41-44）。まずマルクスは議会そのものがようやく身分制議会から代表制議会に変貌しようとする場面に立ちあっている。つぎにマルクスは、出版の自由を身分上、宗教上の特権から制限しようとする立場、経済的な理由から擁護しようとする立場それぞれについて、「自由な」討論に彼一流の皮肉を交えながら論評し、『ライン新聞』という自由な出版のあるべき姿を語る。当然ながらそれは出版の自由にかんする意見を戦わせるなかで、『ケルン新聞』など論敵の見解に対する批判のかたちをとる（Marx [1843]1956d）。公開性の原則にかかわる議会全体の姿勢を論難し（Marx [1842]1956a: 44）、議会内での自由な出版にかんする身分代表の意見を論評し、議会外での出版の自由にかんする新聞ジャーナリズムの見解を批判する。これをマルクスは民間の公論の場で議論の俎上に載せていた——こうした一連の言論活動が、『ライン新聞』時代のマルクスの仕事の一角をなしていた。公共圏で論議する公衆の営みをジャーナリストとして身に体して突き進んだ格好だ。

「営業の自由」と「出版の自由」

さらに注目されるのは、出版の自由が、公共圏のあり方に関わる一方、学問の自由、思想・表現の自由をも含むものとみなされていたことだ。その意味でこれは市民的権利が州民にあまねく認められるかどうかに関わる。のみならずマルクスの右の論評は、自由な出版というあり方が、議会の公開性の原則と切り結び、政治的参加の権利を促す触媒となることも狙っている。出版の自由とは、マーシャル的な意味の市民的権利にとどまらない。これとの関連で指摘したいのは、マルクスが出版の自由を営業の自由の一部と解して擁護する立場に与しなかった点である。出版の自由とは出版という営業の自由だから、営業の自由が認められる以上、出版の自由も認められるべきだというのが、ここでいう営業の自由から擁護する立場である。マルクスはこの主張に与しない。同じ自由の類に属するといっても「出版の自由」は「営業の自由」と種を異にする。

営業の自由、財産・信教・出版・裁判の自由は、すべて同一の類すなわち科名のない自由の、もろもろの種である。だが、統一をみて差異を忘れるというのは、そればかりか、ある一つの特定の種を他のもろもろの種の尺度、規範、領域とするのは、なんというひどい誤りであろう？

（Marx [1842]1956b: 69）

「営業の自由」という「特定の種」を「財産・信教・出版・裁判の自由」など「他のもろもろの種の尺度」にすることはできない。むしろ「出版の第一の自由は、それが営業ではないという点にある」（Marx [1842]1956b: 71）。いやそれどころか営業において「自由であること」は、営利を優先するに等しく、出版にとっては「不自由と同じ」ことだ（Marx [1842]1956b: 70）。マルクスは、当時「雨後の筍のように簇生していた」（Habermas [1962]1979: 218）新聞を「民衆新聞（Volkspresse）」と呼びながらその現状を次のように語った。

民衆新聞の本性をなす種々の要素は、民衆新聞の自然に適った発展では、とりあえず、それぞれ独自に成熟していかなければならない。それゆえ、民衆新聞の全体は種々の相互に補完しあうような性格をもついろいろな新聞に分解していく。たとえば、一方で政治の諸学がその主要な関心事となれば、他方では政治の実践が、そうしたものとなり、一方で新しい思想がその主要な関心事となれば、他方では新しい事実がそれになる、といった具合だ。民衆新聞の諸要素が妨害されずに、自立的・一面的な発展をつづけ、種々の器官へと自立化していくことを通してしか、「すぐれた」民衆新聞を作り出すことはできない。民衆精神（Volksgeist）の真の契機のすべてを自己のうちに調和的に統一し……その一つ一つに現実の人倫的精神がやどっているような新聞を作り出すことはできない。だが、新聞がこのような使命〔規定〕を果たすためには、外部から規定〔使命〕を押しつけるようなことはせず、……新聞に内在している諸法則を認めていくことがとくに必要である。（Marx [1843]1956d: 155）

ヘーゲル臭のする論の運びについては問わないでおく。ここでは、「営業の自由」と「出版の自由」の違いをめぐる主張や「民衆新聞」にかんする見解から、当時マルクスが関わった新聞ジャーナリズムについて、いまだ商業化の波にさらされずに政治的な主義主張を主眼にしていた新聞の姿が浮かび上がってくることに注目したい。ハーバーマスは、一八、一九世紀ヨーロッパの新聞の変遷を商業化の視点から「情報新聞」・「主義主張の新聞」・「商業新聞」という三つの段階に分けているが、マルクスの時代の新聞はこのうちの第二段階にあたる。情報を売ることを営利的におこなう第一段階の「情報新聞（Nachrichtenpresse）」とは違って、この段階になると、営利目的は影がうすくなり、損得抜きで文筆家や編集者自身の政治的見解を表明し、特定の主義主張に立つことを指針にした新聞、「主義主張の新聞（Gesinnungspresse）」が登場する（Habermas [1962]1979: 218）。それは広告業務が大きなウェイトを占める第三段階の「商業新聞（Geschäftspresse）」にまだ成り下がってはいない。ここでは社説が新聞の慣行になる。編集者たちは企業家の役割を発行者に譲り渡し、編集人と発行人との間には公論的機能と経済的機能との分業が成立する。独立した専任の編集局では利潤追求が公論的志向を牛耳ることはない。もはやたんなる「情報伝達の機関」でもなければ、いまだ「消費文化のメディア」でもない。編集局本位の「文筆家のジャーナリズム」は、あくまでも「公衆の機関」である（Habermas [1962]1979: 218-219)。

だがもしそうなら、商業化の波にさらされずに、政治的に議論する「公衆の批判的機能」を担う、主義主張を中心にした政治的新聞は、たんに市民的権利の一要素（市民的シティズンシップ）にとどまらず、政治的権利（政治的シティズンシップ）を支える「公衆の機関」という役割を担っただろう。政治的公共圏の活性化は、市民たちによる実質的な政治的参加の権利が成立する必要条件である。ではこの必要条件に支えられながら政治的参加の権利を保障できる十分条件とは何か。いうまでもなく州議会議員の特権的な地位を廃して、議会を身分制議会から代表制議会に転換すること、そのために制限選挙に代わって普通選挙を確立していくことだ。

> 選挙は、市民社会の政治的国家にたいする、無媒介的な、直接的な……関係である。……無制限な選挙および被選挙において市民社会ははじめて……真に普遍的本質的にそこに存在するかたちで、政治的に現実に存在するものにまで、高められるのである。（Marx [1843]1956f: 326-327）

制限選挙にとどまるかぎり、選挙権も被選挙権も特定身分や特定市民の特権と化してしまうことは、プロイセンでの「三級選挙制」（一八四九年）を一瞥すれば明らかである（末川 1996: 348-349)。マルクスのこうした主張を念頭におけば、出版の自由が政治的権利を十分に保障するための前提条件とされていたことが分かる。しかし同時に、「出版の自由」を「営業の自由」と峻別する姿勢には、政治的権利に導く出版の自由と市民的権利に含まれる営業の自由とを区別することで、市民たちの自由を異なった諸権利の体系として捉えようとする志向性が胚胎していたことも意味する。「営業の自由」と「出版の自由」は、冒頭に引いた「人間の権利」と「公民の権利」の変種と解しうるが、もしそうならばマルクスはここで、シティズンシップの権利のなかに市民的権利と政治的権利の葛藤を読み取っていたことになろう。シティズンシップにおける諸権利の葛藤は、ここでは市場経済と民主主義との葛藤の現れというべきものである。この葛藤が何らかのかたちで克服され、緩和されるならば、諸々の権利は一定の調整が可能な体系となって再構築されるだろう。もちろんマルクスはまだこの葛藤を階級対立に関連づけていない。しかし、マルクスが「経済問題に取り組む機縁となった」（Marx [1859]1971: 8）論争に関与するようになると、階級対立の考えに連なる問題構成が、シティズンシップの権利の概念との関わりで登場してくる。

4　経済的問題への通路

公民的な頭脳と市民的な心臓

出版の自由は、思想・信条の自由、表現の自由といった市民的シティズンシップの実現にかかわる一方、営業の自由と区別されながら普通選挙権の要求と結びつくことで、政治的参加権という政治的シティズンシップの条件にもなる。マルクスはこの二重の意味で出版の自由を捉えた。しかし彼は、自由な出版の政治的機能を、さらに当時のプロイセンで目立ち始めたもう一つの問題との関わりでも理解していた。モーゼル地方の農民たちの窮状、広くは貧窮民問題（Pauperismus）の名で呼ばれた難題(10)がそれだ。この難問を前にした行政と雇用主（ブドウ栽培業者）の無能ぶりを糾弾するなかで、マルクスは、自由な出版に体現された公共圏の意義を次のように論じている。

行政は、その官僚的な本質のために、窮乏の根拠を、統治されている地域のなかに見ることができず、統治されている地域外にある自然的・私的・市民的地域のなかにしか見ることができない。……／他方では、ブドウ栽培業者である民間人も、彼らの公表した意見が……私的利害によってかきみだされ、それゆえ意見はかならずしも正しいとは思えないことを否定できない。……／行政と被統治者とは、だから、困難を解決するために一様に第三の要素、すなわち政治的だが……官僚的前提を出発点にせず、また同じく市民的だが、私的利害やその必要に直接まきこまれていない、第三要素を必要とする。公民的な頭脳と市民的な心臓とをもつこのような補足的要素が自由な出版である。……「自由な出版」、それは公論の産物だが、それがまた公論を作り出す。そして……自力でモーゼル地方の窮状を祖国の普遍的な注視と普遍的な同情の対象とすることができる。窮乏として感じられるものをすべての人が共有するだけで自力で窮乏を緩和できるのである。（Marx [1843]1956e: 189-190）

マルクスは、直面する経済問題を診断するさいに、当事者たちの見方が役人の官僚的態度で歪曲されたり、ブドウ栽培業者の私的利害に左右されたりすることを指摘しながら、その「困難を解決する」「第三の要素」として公共圏の担い手たる「自由な出版」を挙げている。この脈絡で留意したいのは、経済的な問題に行政当局が政治的に関与する場面で、マルクスがその意義を主張していることである。行政官庁が当の問題に政治的だが官僚的な立場から関与し（Marx [1843]1956e: 185-186）、ブドウ栽培業者が同じ問題を経済的だが営利的な立場から処理するのに対し、「自由な出版」は、「政治的に」といっても官僚的にではなく公民的に（*staatsbürgerlich*）かかわり、「経済的に」といっても私的にではなく市民的に（*bürgerlich*）論じる。公民的だが官僚的ではなく、市民的だが私利にもとづくのでない立場だ。冒頭に引いた『ユダヤ人問題によせて』で、マルクスは、現実の市民が、「抽象的な公民を自分のうちにとりもどし」、〈ブルジョア〉と〈シトワイアン〉とが一体となったとき、真の人間的解放が成就されると語っていた（Marx [1843]1956=2005: 370=220）。ここでいう「公民的《シュターツブュルガーリヒ》」と「市民的《ブュルガーリヒ》」は、それぞれフランス語の〈シトワイアン〉と〈ブルジョア〉のあるべき姿に対応している。マルクスは、「真の公共性（wahrhafte Öffentlichkeit）」（Marx [1843]1956e: 192）においてこそ、その統一が可能になるとみた。「自力でモーゼル地方の窮状を祖国の普遍的な注視と普遍的な同情の対象」にできるのは、自由な出版がこのようにして「真の公共性」を獲得したときだけである。

マルクスの考察にもとづくならば、「人間の権利」と「公民の権利」とが分裂した現実にたいして、

「真の公共性」における自由な出版は、これら権利の分裂を克服した、あるべきシティズンシップの権利を体現している。といっても自由な出版が体現する権利概念によって、「人間の権利」と「公民の権利」が消えてなくなるわけではない。考えられるのは、私的権利（営業の自由）・公民的権利（普通選挙権）・市民的－公民的権利（自由な出版）という諸権利の体系である。「ヘーゲル法哲学の徒」という立場を採りながら、「自由な出版という第三のエレメントを置くという、固有な構案を抱いていた」（廣松 1980: 418）点で、若きマルクスには、ヘーゲルを一歩抜け出て、シティズンシップの諸権利の体系という構想が垣間見えていた。おそらくこう言っても過言ではあるまい。

「モーゼル河沿岸の窮状の特有の性質から、自由な出版の必要性」（Marx [1843]1956e: 177）が生じるという、マルクスの公共圏にたいする過度なまでの期待が、ほどなく大きな幻滅に変わったことは、『ライン新聞』がまもなく発禁処分の憂き目にあったことからも想像がつく。「公民的な頭脳と市民的な心臓」を対にした「真の公共性」に対する淡い期待は、すぐにも人間の「解放の頭脳は哲学であり、解放の心臓はプロレタリアートである」（Marx [1844]1956g: 391）という強い信念に取って代わる。

もっとも経済的問題にたいするマルクスの見解には、自由な出版とは異なる別の主張があったのを見逃すことはできない。モーゼル地方の窮状は、マルクスが「経済問題に取り組む最初の機縁となったもの」の一つだが、これ以外にも機縁となったテーマがあった。「木材窃盗と土地所有の分割に関する」問題である。そしてこの問題は、シティズンシップ論の脈絡で言えば、右に挙げた諸権利の体系に依然として存在する権利間の葛藤を克服しようとする試みにも通じていた。

ローマ法的な私的所有権とゲルマン法的な慣習的権利

「木材窃盗」の問題とは、(おそらく冬の寒さをしのぐ薪として)かつての共有地の枯れ枝を拾い集める貧民の行動が、州議会の議題に上った「木材窃盗取締法」によって、その土地の所有権に対する法的侵害行為(窃盗)とされた問題のことである。貧しい民衆が「枯枝を取ったり枯木を拾ったりすること」も「青々とした立木をかすめ取ること」と同断の窃盗だとする論議を前にして、マルクスは貧民階級の「慣習的権利(Gewohnheitsrechte)」を擁護してみせる。

> ……貧しい人びとは、彼らの行動のなかにすでに自分たちの権利を見いだしている。枯枝集めでは、人間社会における基礎的・自然的な階級が、同じく基礎的な自然力の産物とぴったり対応しあっているのである。似たことは、自然に成長するにまかされて、土地財産のまったく偶然の属性をなしているだけの生産物、あまり重要ではないので本来の所有者が活動するための対象にならない生産物についてもいえる。また、落穂ひろい、二番刈り、およびこれに類する慣習的権利についても、事情は同じである。/それゆえ、貧民階級のこれらの慣習には本能的な権利感覚が生きており、その慣習の根源は堅固な正当性がある。(Marx [1842]1956c: 119)

貧民たちの枯木の採取を窃盗とみるか否かといえば、いかにも些末な事案だと思われよう。だが木材が当時占めていた経済的役割を考えれば、この事案にはこれにとどまらない象徴的な意味がある。貧民にとって生活必需品に属していた薪などの木材は、支配層にとっても高い重要度を誇っていた。多種多様な手工業道具、兵器、運搬具、車・船舶の原料、タールなどの補助材料、そして木炭・薪といった燃料など、用途は労働手段・原料・補助材料・エネルギー源にまで及ぶ。一九世紀になるまで建物は木造だったことを思えば、重要の程が察せられる。石炭がまだ主要エネルギー源ではなかった一八世紀後半のドイツでは、木材は農村手工業や領主と結びついた工業の発展に基本財として欠かせない。領主層が、未利用の森林のみならず、農村住民が利用していた森林を収奪したのもこうした事情が介在していた。農民たちにしてみれば、旧来は寛容な領主のおかげで無料での伐採が自由だったのに、いまでは木材集取が処罰をもって禁じられ、材木は購入する外ない商品になる。「木材窃盗取締法」や森林盗伐に対する罰則規定の制定も、分解しつつあった農民層と領主層の森林をめぐる対立の文脈で理解しなければならない（北條 1960: 82）。「貧民の慣習的権利」を口にしたことは、資本主義的利害と民主主義的平等との葛藤を予言したに等しい。

マルクスの考えによれば、この「貧民の慣習的権利」は、源泉を「さまざまなゲルマン的諸権利」に遡ることができる。ここでマルクスは、上流階級のローマ法的な「所有権」に貧民階級のゲルマン法的な「慣習的権利」を対置してみせる。マルクスのこの主張が当時どれだけの説得力を持ったのか、今からふり返れば、はなはだ心もとないが、ただ三月革命で、ほぼ同主旨の主張が農民たちから行なわれ、ドイツ立憲国民議会でも議論されたことを思えば、まったく現実性を欠いた妄言だったわけではない（柳澤 1978: 163, 199）。ところでシティズンシップ論の脈絡にそくして、そこにどのような理論的可能性が秘められていたのかを考えてみると、二三指摘してよい論点に気づく。

J・ポーコックは、シティズンシップの「古典的な理念」に、古代ギリシア的なものと古代ローマ的なものという二つの伝統があったことを指摘している（Pocock 1995: 29ff）。シティズンシップの古代ギリシア的理念とは、アリストテレスの「ポリス的動物」に体現されているように、オイコスにおけるモノの世界から解放されて市民が政治的存在たる地位を得ることに依拠している。これに対し、シティズンシップの古代ローマ的理念では、むしろ物件を所有する人格となるところに市民としての資格があり、モノの世界との関わりにもとづいて市民が法的存在たる地位を得ることに基づいている。マルクスにおける貧民の慣習的権利をこうしたシティズンシップの脈絡でみれば、それは古代ギリシア的なもの、古代ローマ的なもののいずれにも属していない。誤解を恐れずに言えば、それはシティズンシップの古代ゲルマン的理念とでもいうべきものである。古代ギリシアに由来する政治的参加権とも、古代ローマの系譜をもつ私的所有権とも異なった伝統に棹さしているのが、マルクスのいう慣習的権利にほかならない。

こうした慣習的権利は自然のモノとの関わりで成り立つ。その意味では、それは古代ローマ的な所有権の対象ともなりうるモノに類する。ただし慣習的権利の対象となりうるモノには「私有財産とも断定できないし、そうかといって共有財産とも断定できない、きわめてあいまいな性格」（Marx

[1842]1956c: 119）を持ったものや、「本性上、私有財産となるべき性格を持ちえないもの」がある。むしろこの慣習法にもとづく権利では、単独の個人が一人格として物件を排他的に所有する権利を持つのではなく、複数の個人が貧民として対象の属する自然界を共同で占有し使用する権利を分かちあう（マルクスはこれを先占権（Okkupationsrecht）と言っている）。財としての自然への関わりが、いわば開かれた相互扶助の関係に支えられているのである。

法的諸関係の基礎をカントのように人格相互の関係に求めるのか、ヘーゲルのように人格と物件の関係に置くのかと問うなら、慣習的権利に関するかぎり、マルクスはどちらにも与しなかった。そこでは人格相互の扶助関係で物件との関係が成立しているから、マルクスは両者をそれなりに総合した立場にいる。ただしマルクスは、慣習的権利において人格と物件がどう関わるかより、権利の対象が自然のモノか否かに着眼している。モノが自然から偶然に生じたものであるかぎり、それは排他的な所有権の対象ではなく、開放的な慣習的権利の対象でなければならない。慣習的権利は、人格同士と物件との関係というより、人間同士と自然との関係に支えられているのである。この新たな視点が、近代的諸権利の第三の成立条件になる。

この慣習的権利を、シティズンシップにおける諸権利の体系に位置づけてみると、それは私的権利に含まれる私的所有に代わるべき権利概念として理解できる。なるほど、この時点のマルクスが、のちの共産主義思想につながる社会的所有の構想を抱いていたと見るのは、早計に過ぎよう。だが、「営業の自由」と「出版の自由」との違いを強調していた当時のマルクスにとって、（営業の自由や私的所有権を含む）私的権利は、市民的－公民的権利と場合によっては深刻な緊張関係に入るとみなされたはずである。マルクスは、私的権利の決定的な部分が慣習的権利にもとづいて改変されることを望んだ。のちにマルクスが「私的所有（das Privateigentum）」と「個人的所有（das individuelle Eigentum）」とを区別した顰みに倣って言えば（Marx [1864]1972: 791; 平田 1971: 439-440）、共同性に対して排他的な私的権利ではなく、一定の共同性を基礎にした個人的権利の可能性が問われていたと解するのも不可能ではない。とすれば、この最初期のマルクスには、シティズンシップの諸権利を、個人的権利（慣習的権利）・公民的権利（普通選挙権）・市民的－公民的権利（出版の自由）という葛藤なき諸権利の体系として理論的に模索する道も開かれていたはずである。

5　結びに代えて——葛藤なきシティズンシップに向けて

貧民の慣習的権利は、「実定法の慣習に反する権利」（Marx [1842]1956c: 117）であり、「法律上の権利となるべきものを先取りしている」（Marx [1842]1956c: 116）権利である。既存の実定法に依拠することも文字通りの慣習法に依拠することもないが、慣習として持続可能な営みを、「理性法（vernünftiges Recht）」によって正当なものとして承認した「理性的な慣習的権利」でなければならない（Marx [1842]1956c: 116）。その意味では、慣習的権利は、出版の自由と同様に、すでに存在するシティズンシップの諸権利としてではなく、これから実現すべき諸権利の理念として、既存の諸権利とは葛藤するシティズンシップの一要素と解しうる。マルクスが見ようとしていたのは、シティズンシップにおける現実と理念の葛藤、現在と未来の葛藤である。

諸権利の体系としてのシティズンシップという最初期マルクスのこの理論的模索は、マルクス解釈とシティズンシップ論の脈絡に関連して、すくなくとも二つの問題を提起している。最後に簡単にこの点に触れて本章の結びに代えよう。

T・H・マーシャルは、彼の古典的な論考で、第二次大戦後におけるイギリスの福祉国家の発展を念頭に置きながら、シティズンシップのあり方を論じるさいに、四つの問題を提起していた。その最初に提出されたのが、「基本的な平等というものは、その内実が豊かになり、シティズンシップの公式の諸権利というかたちで具体化された場合には、社会的階級の不平等と両立可能であるという主張は、依然として正しいのだろうか」(Marshall and Bottomore 1992=1993: 7=13) という問いだった。これに対し、マルクスが立てた仮説は、資本主義的な私的所有が維持されるかぎり、近代的諸権利の成立にもとづく平等化への傾向は、それと両立不可能な経済的不平等を伴うというものだ。すでにソ連型社会主義が魅力を失った現在は、資本主義的な私的所有を社会主義的な国家的所有に取って代えれば、難問はすべて解決するなどと言える時代ではない。とはいっても、「シティズンシップの公式の諸権利というかたちで具体化」されるケースに、排他的な私的所有権の変革の余地が含まれないかぎり、葛藤するシティズンシップの現実を真に克服することは不可能だろう。もちろんこれは、シティズンシップを私的所有権の問題に収斂させるのではなく、あくまで葛藤なきシティズンシップの諸権利の体系を再構築するかたちで進めなければならない。

この点と関連して、本章のマルクス解釈について一言だけコメントしておきたい。経済学の研究を進めたのちのマルクスを見れば、その理論的指針は、資本主義的な私的所有を克服する所有概念の探求に向かったとするのが、大方の理解だろう。マルクスは諸権利の体系ではなく、近代的な権利概念の核に位置する私的所有権に議論を収斂させていった。既存の諸権利のなかでも私的権利に、私的権利のなかでも私的所有権に焦点を絞り、資本主義社会の本質的な核心をここに見た、これがマルクス主義以後のマルクスだ――大方の了解にもとづくならば、マルクス本来の課題をこのように収束させることが、ごく自然な解釈だということになろう。だがマルクスの理論的模索に、これと逆の志向性が孕まれていたとすればどうだろう。ソ連型の現存社会主義が、諸権利の体系としてのシティズンシップから大きく逸脱し、政治的参加権も出版の自由も十分に保証できなかった歴史を振り返るならば、これは決して些末な問題ではない。もし最初期マルクスの理論的模索のなかに、近代的諸権利を排他的な私的所有権に収斂させるのとは逆に、シティズンシップの諸権利の体系に拡張させていく志向性が秘められていたとするならば、そこにかなり違ったマルクス像を描き出すことができるかもしれない。

資本主義にとってシティズンシップとその諸権利はつねに両刃の剣のように働く。資本主義が一定の発展をとげるには、民主主義にもとづくさまざまな権利の獲得と拡大が不可欠になる。しかし法的な権利を政治的・社会的に保障する段になると、シティズンシップの権利の浸食や衰弱、権利同士の葛藤が避けられなくなる。資本主義と民主主義の葛藤のドラマは、シティズンシップが不断に進化していくという神話の終焉をつねにあらかじめ告げてもいる。しかしそれはわたしたちが葛藤から抜け出ることができないことを告げているわけでは決してない。

〈注〉

（1）マクレランによれば、プロイセン八州の議会の全体で、騎士身分の代表二七八名、都市代表一八二名、農民代表一二四名である（McLellan 1971: 82）。

（2）ヘーゲルの「身分制議会批判」にたいするマルクスの批判については、山中隆次の整理と解釈（山中 1972:108-119）を参照。

（3）「プロイセンの場合には、最末端の土地貴族による農民支配圏が国家権力の及ばぬ封鎖単位として、極度に特権性の強い社団と化すとともに、それを底辺とする社団の階層序列が即ち官僚＝軍事機構として国家と一体化する構成になっていた」（柴田 1983: 108）。

（4）「最初の近代国家は分権的な封建的諸機関を解体して中央集権を貫徹したのではなく、……既存の諸機関に対して、その「自由」を特権として保証することを通じて自己の権利を認めさせた…のである」（柴田 1983: 86-87）。

（5）ダンの類型論にかんする紹介としては、村上（1985: 118-122）を参照。

（6）シティズンシップの自由主義的な伝統を軸に据えると、自立した個人の権利のことを考えがちだが、近代的な市民社会は経済的自律にもとづく原子的な個人からなるだけではない。キムリッカが概念の曖昧さを批判した「集団的権利（collective rights）」をそのまま認めるわけではないが（Kymlicka 1995: 45-48）、個人の「倫理的自律性を支えたさまざまの団体」もまた、市民社会の自律性を可能にした必要条件である。「市民社会の自律性は、『経済的自律』のみに基礎づけられるのではなく、団体によって媒介された『倫理的自律』をも必要とした」（村上 1985: 6）のである。

（7）ホフマンは、アソシエーションやクラブといった市民的結社が「圧倒的に男性の事業」で、そこからは女性たちが排除されていた事実に留意している（Hoffman 2006=2009: 55）。この歴史的事実に注目すれば、近代シティズンシップによる市民たちの平等化された地位の獲得それ自体が、ジェンダー秩序における男性層の特権化された身分を保証する結果を招いていたことになる。今日におけるシティズンシップ論の活性化が、フェミニズムによるシティズンシップ批判をきっかけにしていたように、シティズンシップにおける特権と権利の葛藤は、近代社会のこのより深い相に根ざしていたのである。

なお「支配層の特権化された身分」を体現した今日的なシティズンシップの例として、サスキア・サッセンの「経済的シティズンシップ」の概念を参照されたい（Sassen 1996=1999: 91-121）。

（8）「どんな人間でも、自由そのものとたたかうものはない。せいぜい他人の自由とたたかうだけである。だから、どんな種類の自由もつねに存在してきた。ただ、あるときは特殊な特権として存在し、またあるときは普遍的な権利として存在するだけである」（Marx [1842]1956b: 51）。

（9）「公共性とは、現実の事物を公衆に報告するということにすぎないのだろうか。むしろ、この現実の事物を現実の公衆に、すなわち、仮想上の、読者としての公衆ではなく、生きた、目のまえの公衆に、報告するということではないのだろうか？」（Marx [1842]1956a: 44）。

（10）貧窮民問題は、ブルーベイカーが語る国家的な成員資格《メンバーシップ》としてのシティズンシップの構築にとっても見過ごすことができない。当時のプロイセン国家は、一方で都市がその自律した条例にもとづいて実施していた貧民の外からの移入規制を制限あるいは撤廃しながら、「真の貧困者を除いてすべての人びとの移動の自由を認めた」（Brubaker 1992=2005: 65=113）。しかし他方で国家は、一九世紀初頭の国家間協定によって、国外追放の実施を合理的に統制しようとした。「国家が他の国家の領土に追放できるのは、相手国家の成員のみに限ること、そして国家は、自国の成員が他の国家から追放された時には、その成員を領土内に受け入れる義務があるということ」(Brubaker 1992=2005: 69=119)、この二つ基本原則にもとづく国外追放の実施が、国家の成員となるのは誰かを規定する条項の確立につながった。農村の人口過剰と都市への貧民の移入などによって国内での地域間・都市間移動が活発化するなかで、貧民救済体制を組織化する責任を従来の都市に代わって国家が全面的に引き受けるようになる。しかしそれは国外からの外国人貧窮民の流入の阻止と国内からの外国人貧民の追放と平行して実施された。この二重の動きが、国民的シティズンシップの体制を作り出すことに導いたのである。

〈文献〉

Brubaker, 1992, *Citizenship and Nationhood in France and Germany*, Cambridge, Massachusetts, London: Havard University Press.（= 2005　佐藤成基・佐々木てる監訳『フランスとドイツの国籍とネーション』明石書店。）

Dann, Otto, 1976, Die Anfänge politischer Vereinsbildung in Deutschland, in: Ulrich Engelhardt, Volker Sellin, Horst Stuke (Hrsg.), *Soziale Bewegung und politischer Verfassung*, Stuttgart: Klett.

Giddens, Anthony, 1985, *The Nation-State and Violonce*, Cambridge: Polity Press.

Habermas, Jürgen, [1962]1979, *Strukturwandel der Öffentlichkeit : Untersuchungen zu einer Kategorie der bürgerlichen Gesellschaft*, Darmstadt : Hermann Luchterhand Verlag.

——— 1992, *Faktizität und Geltung: Beiträge zur Diskurstheorie des Rechts und des demokratischen Rechtsstaats*, Frankfurt am Main: Suhrkamp Verlag.

Heater, Derek Benjamin, 1999, *What is citizenship?*, Cambridge : Polity Press.（= 2002　田中俊郎・関根政美訳『市民権とは何か』岩波書店。）

平田清明 1971 『経済学と歴史認識』岩波書店。

廣松渉 1971 『青年マルクス論』平凡社。

——— 1980 『マルクスの思想圏』朝日出版社。

——— 1991 『ヘーゲルそしてマルクス』青土社。

Hoffman, Stefan-Ludwig, 2003, *Civil Society: 1750-1914*, New York: Palgrave Macmillan.（= 2009　山本秀行訳『市民結社と民主主義』岩波書店。）

北條功 1960 「東ドイツにおける「農民解放」」大塚久雄・高橋幸八郎・松田智雄編著『西洋経済史講座　第４』岩波書店。

木前利秋 2005 「ヴェーバーとモダニティ論の新たな地平」『思想』九八七号、岩波書店。

小関隆（編著）2000 『世紀転換期イギリスの人びと――アソシエーションとシティズンシップ』人文書院。

Kymlicka, Will, 1995, *Multicultural Citizenship, A Liberal Theory of Minority Rights*, Oxford: Clarendon Press.

Marshall, Thomas Humphrey, and Thomas Burton Bottomore, 1992, *Citizenship and Social Class*, London: Pluto Press.（= 1993 岩崎信彦・中村健吾訳『シティズンシップと社会的階級：近現代を総括するマニフェスト』法律文化社。）

Marx , Karl, [1843]1956, *Zur Judenfrage*, in: *Karl Marx/ Friedrich Engels Werke*, Band 1, Berlin: Dietz Verlag.（= 2005　徳永恂訳「ユダヤ人問題によせて」『マルクスコレクションⅠ――デモクリトスの自然哲学とエピクロスの自然哲学の差異ほか』筑摩書房。）

——— [1842]1956a, Bemerkungen über die neueste preußische Zensurinstruktion, in: *Karl Marx / Friedrich Engels Werke*, Bd.,1, Berlin: Dietz Verlag.

——— [1842]1956b, Debatten über Preßfreiheit und Publikation der Landständischen Verhandlungen, in: *Karl Marx / Friedrich Engels Werke*, Bd.,1, Berlin: Dietz Verlag.

——— [1842]1956c, Debatten über das Holzdiebstahlsgesetz, in: *Karl Marx / Friedrich Engels Werke*, Bd.,1, Berlin: Dietz Verlag.

——— [1843]1956d, Der leitende Artikel in Nr. 179 der »Kölnischen Zeitung«., Das Verbot der »Leipziger Allgemeinen Zeitung«, in: *Karl Marx / Friedrich Engels Werke*, Bd.,1, Berlin: Dietz Verlag.

——— [1843]1956e, Rechtfertigung des ++-Korrespondenten von der Mosel, in: *Karl Marx / Friedrich Engels Werke*, Bd.,1, Berlin: Dietz Verlag.

——— [1843]1956f, Zur Kritik der Hegelschen Rechtsphilosophie. Kritik des Hegelschen Staatsrechts, in: *Karl Marx / Friedrich Engels Werke*, Bd.,1, Berlin: Dietz Verlag.

——— [1844]1956g, Zur Kritik der Hegelschen Rechtsphilosophie. Einleitung, in: *Karl Marx / Friedrich Engels Werke*, Bd.,1, Berlin: Dietz Verlag.

——— [1859]1971, *Zur Kritik der Politischen Ökonomie*, in: *Karl Marx / Friedrich Engels Werke*, Bd., 12, Berlin: Dietz Verlag.

——— [1864]1972, *Das Kapital, Kritik der politischen Ökonomie*, 1. Bd., Berlin: Dietz Verlag.

McLellan, David, 1970, *Marx before Marxism*, Harmondsworth: Penguin Books Ltd.

村上淳一 1985 『ドイツ市民法史』東京大学出版会。

村上俊介 2003 『市民社会と協会運動』御茶の水書房。

Peled, Yoav, 2007, "Towards a Post-Citizenship Society?: A Report from the Front," *Citizenship Studies*, 11(1), 95-104.

Pocok, J. G. A., 1995, "The Ideal of Citizenship Since Classical Times,": R. Beiner (ed.), *Theorizing Citizenship*, Albany: State University of New York Press.

良知力 2001 『ヘーゲル左派と初期マルクス』岩波書店。

ルソー、ジャン＝ジャック [1762]1954 『社会契約論』岩波書店。

阪口修平 2001a 「啓蒙の世紀」木村靖二編『ドイツ史』山川出版社。

——— 2001b 「自由主義と保守主義」木村靖二編『ドイツ史』山川出版社。

Sassen, Saskia, 1996, *Losing Control ? : Sovereignty in an Age of Globalization*, New York: Columbia University Press.（= 1999 伊豫谷登士翁訳『グローバリゼーションの時代——国家主権のゆくえ』平凡社。）

柴田三千雄 1987 『近代世界と民衆運動』岩波書店。

Sieyès, Emmanuel, [1789]1970, *Qu'est-ce que le Tiers état ?*, edition critique par Zapperi, Roberto, Genève: Droz.（＝2011 シィエス『第三身分とは何か』稲本洋之助・伊藤洋一・川出良枝・松本英実訳、岩波書店。）

末川清 1996「帝国創建の時代」成瀬治・山田欣吾・木村靖二編『世界歴史大系 ドイツ史2』山川出版社。

徳永恂 1997『ヴェニスのゲットーにて——反ユダヤ主義思想への旅』みすず書房。

Turner, Bryan, [1993]1994b, "Outline of a Theory of Human Rights," B. Turner and Peter Hamilton eds., *Citizenship: Critical Concepts*, vol. II, London: Routledge.

——— 2001, "The Erosion of Citizenship," *British Journal of Sociology* 52(2).

山中隆次 1972『初期マルクスの思想形成』新評論。

柳澤治 1974『ドイツ三月革命の研究』岩波書店。

第4章

集団別権利と承認／再分配

――――――――――― 時安邦治

1 普遍的シティズンシップへの批判――ヤングに依拠して

普遍的シティズンシップの陥穽

二〇世紀中葉以降、公民権運動や女性解放運動など、シティズンシップの諸権利をめぐる闘争がリベラルな先進国で起こった。シティズンシップは全市民の平等を原理とするが、一部の人々（黒人、女性など）は権利を平等に享受できない「二級市民」の地位に置かれてきた。彼・彼女らを平等に処遇する方法はさしあたって二つ考えられる。一方は市民としての平等を原則として、全市民に同じシティズンシップの権利と義務を割り当てる方法である。これは普遍的シティズンシップの構想にもとづく。他方、各集団の差異に着目し、それぞれの状況を鑑みて、集団に応じて差異化されたシティズンシップの権利と義務を割り当てる方法がある。これは、不利な状況におかれた集団に対して特別の権利をシティズンシップとして割り当てようとする集団別権利（group differentiated rights）の構想にもとづく。本章では、政治哲学者I・M・ヤングの理論構制を軸として、集団別権利の可能性と限界について考えてみたい。彼女は抑圧された集団の権利という論点からシティズンシップ論の再構築を試みている。

ヤングの論文「政治体と集団の差異」（Young [1989] 1995）によれば、近代の政治理論は、万人が道徳的価値において平等であるという考えからシティズンシップの普遍性を主張してきた。だが、普遍的シティズンシップの理念は、ある政治コミュニティに属している誰もが市民としてシティズンシップをもつという意味でのシティズンシップの拡大を目指しただけではない。この理念において、普遍性はさらに二つの意味で理解されてきた。それら二つの意味が結びつけられるとき、一部の集団が普遍的シティズンシップの理念によって抑圧され、不利益を被ることになる。

第一の意味として、シティズンシップの普遍性は、個別性の対概念である一般性、市民の共通性であると理解される。現代社会は脱政治化しており、さまざまな利益集団が政策決定を私物化してしまっている。そこで、市民の徳《シヴィック・ヴァーチュ》を称揚し、市民が活発な討議を通じて政策決定に関与し、専門家や権力集団の支配に対抗しようとする参加型民主主義が発想される。

ここでヤングは市民的公衆という理念を問題視する。

近代の政治思想の伝統からわれわれに伝えられている市民的公衆という理念を無批判にモデルとして想定することには、深刻な問題がある。シティズンシップの公的領域は市民たちが共有し、市民たちの差異を超越するような一般意志、観点、利害を表現するものであるとする理念は、実際には市民たちのあいだに同質性を要求するものになってしまう。（Young [1989] 1995: 178）

共和主義思想の伝統的理解では、自由や自律性は市民としての公的活動のなかにあり、市民は公的な討議や政策決定に参加するうちに、個別的欲求や自己利益の追求を超えて共通善を理解するようになる。シティズンシップは、理性と自由の領域として、人間生活の普遍性の表現とされ、個別性や異質性とは対置される。さらに、個別性・異質性は私的なものと同一視され、一般性・同質性が公的領域への参加の前提条件として求められる。シティズンシップをもつ市民は、個別的な視座を括弧に入れて、公平で一般的な視座をもつことを要請される。その結果、普遍的シティズンシップの名のもとで、個別的なものや異質なものが私的なものとして排除される。

たとえば、典型的ケースとして、公的領域からの女性の排除があげられる[1]。独立、一般性、冷静な理性といったものは男性的な特性とされ、シティズンシップからなる公的領域に位置づけられる。それに対し、感情、欲望、身体的欲求などは女性的なものとされ、家庭という私的領域へと囲い込まれてしまう。公的なものと私的なものの区別にもとづく同様の排除は、女性以外の（多くの場合マイノリティの）集団にも及ぶ。こうして、シティズンシップの普遍性が、シティズンシップの制限ないし排除へと作用することとなる。公的なものと私的なものという二分法が機能するかぎり、それまで市民の定義から排除されていた人々が公衆へと包摂されるに際しては、集団的差異を抑圧し、同質であることが求められる。

第二に、シティズンシップの普遍性は、法の下の平等という観念から、個人や集団の差異に無関係に適用される法や規則のもつ普遍性を意味するものとされる。残念ながら、現実の社会状況では、シティズンシップの平等は社会全体で均等に進展するわけではなく、権力は平等の実現が集団ごとに偏るように作用する。シティズンシップの平等をより獲得した特権集団と、それをあまり獲得できていない被抑圧集団が社会の内部に存在する場合、法や規則を個人や集団の差異に中立的に適用することが、かえって特権集団の権力を強めるように作用し、マイノリティ集団の抑圧を再生産する結果になってしまいがちである。

能力、社会化、価値観、認知様式や文化様式に集団間の差異があるところでは、そうした差異を顧慮することでしか政治制度や経済制度へのすべての集団の包摂と参加は実現できない。このことからすれば、差異に目を向けない普遍的観点からつねに権利や規則を定式化するかわりに、時には一部の集団が特別の権利に値することもある。(Young [1989] 1995: 198)

この特別の権利の具体例としては、女性労働者の産前産後休暇、さまざまな積極的差別是正措置《アファーマティヴ・アクション》などを考えるとよいだろう。

単純に全市民の平等を前提してシティズンシップを普遍的に適用しようとすれば、結果として不平等を固定化し、場合によっては状況を悪化させてしまうことも十分にありうる。それは、平等を原理とする諸制度が不平等を温存ないし促進するという陥穽である。

異質な公衆の構想

ヤングによれば、特定の社会集団に特権を与えてしまう権力作用が生じる原因は、参加型民主主義のシステムそれ自体がもつ欠陥にある。したがって、参加型民主主義のシステムの変更が目指されなくてはならない。ただし、抑圧された人々がまったくいないようなユートピアから参加型民主主義の議論を始めるわけにはいかない。われわれは、現に特権集団と被抑圧集団が存在している社会を前提に議論しなくてはならない。ヤングが目指すのは、集団間の差異を抹消し、被抑圧集団を特権集団に組み入れ、同化させることではない。すべての人が共有し、あらゆる経験や視座を超越した一般的視座などないため、すべての集団の経験と視座が反映される唯一の方法は、公衆においてすべての経験や視座が代表されるように特別な配慮をすることである。そこで彼女は、普遍的シティズンシップではなく集団別シティズンシップ（group differentiated citizenship）を、同質な公衆に代わるものとして集団の差異を内包しつづける異質な公衆（heterogeneous public）を提唱する。そして、これらを実現するための制度として、集団代表制を主張する。つまり、集団別シティズンシップは、ヤングにおいては集団代表権として理解されていると言えよう。

集団代表制を論じるにあたって、ヤングはまず社会集団の規定から始める。社会集団の結びつきは、人々がお互いを同じだとみなす、何らかの密接な親近性によって成り立つ。この場合に重視されるのは、人々の有するアイデンティティ感覚である。したがって、社会集団は、ある属性に従った人々の分類としての集合体（aggregate）とは異なる。社会集団を規定するのは、客観的属性よりも、特定の社会的地位に対する同一化、その社会的地位が生み出す共通の歴史、自己規定《セルフ＝アイデンティフィケーション》などであり、端的に言えば類似点（affinities）があるという事実である。また社会集団は、人々の自発的な結合により成り立つアソシエーションとも区別される。ハイデガーの言う「被投性」のように、社会集団はすでにそういうものとしてあり、人々はその成員になってしまっている。ただし、社会集団は何らかの本質や属性を備えた実体ではない。それは他の集団との関係と差異性によって作り出されるものであり、アイデンティティも関係的に作られるものとして理解されなくてはならない。それゆえ、被投性とはいっても、人々が自らの選択として、自分の属する集団を離脱したり、新しい集団に加入したりすることも可能である。さらに、ほとんどの個人は同時に複数の社会集団に属しており、複数の集団的アイデンティティをもっている。

次に、特別代表権を認められるのはどんな社会集団なのかが問われなくてはならない。特権を獲得している社会集団はすでに十分に意見が反映されているとみなしてよいとすれば、特別代表権を認められるのは普遍的シティズンシップから排除された社会集団であり、ヤングの考えでは、それは抑圧された集団ということになる。そこでさらに、抑圧とは何かを規定する必要が出てくる。彼女によれば、次の諸条件のうち一つ以上が、集団のすべてもしくは大部分の成員に生じたとき、抑圧が生じている。すなわち、（一）成員の諸活動の利得のやり取りにおいて対等で互酬的な関係が成り立たない「搾取（exploitation）」、（二）成員が主要な社会的活動に参加できない「周縁化（marginalization）」、（三）成員の営みが他の人々の権威に従うことで自律性を失っている「無力状態（powerlessness）」、（四）

集団とその諸経験についての表象過程が他の集団によって領有されている「文化帝国主義（cultural imperialism）」、（五）集団に対する嫌悪ないし恐れから成員が手当たり次第に受ける「暴力やハラスメント（violence and harassment）」の五つの場合である（Young [1989] 1995: 188; also see Young 1990: 48-63）。[2]現代のアメリカの文脈では、「女性、黒人、先住アメリカ人、老人、低所得者、障碍者、ゲイ、レスビアン、ヒスパニック、若者、非熟練労働者」（Young [1989] 1995: 193-4）などが特別代表権をもつ集団の候補となる。

それでは、抑圧された社会集団に認められるべき特別代表権はどのような制度によって具現されるだろうか。ヤングは（一）集団の成員が自己組織化を行なっていくこと、（二）集団が、ある政策提案が自分たちに及ぼす影響についての分析を表明し、自分たち自身で政策提案をすること、そして（三）ある集団に直接的影響を及ぼす特定の政策に関して拒否権を発動すること、以上の三つの制度機構と公的資源が必要だと述べる（Young [1989] 1995: 189）。もちろんながら、あらゆる公的な政策論議に、すべての被抑圧集団が特別に代表される必要はない。ある集団が特別に代表されるのは、その集団が当該の論議に対してそれ独自の歴史や経験から有意義な視座を提供できる場合、あるいは政策決定によってその集団が大きな影響を受ける場合にかぎられる。

異質な公衆において、多数の社会集団が独自の経験と視座から意見を交わしながら政策が議論され、最終的に政治的意志決定が行なわれることは、普遍的シティズンシップが作り出す同質な公衆による政策決定よりも正義にかなっているとヤングは考えている。また、差異に中立的な法や規則の適用がもたらす特定集団への抑圧をなくすために、差異を顧慮した法や規則の適用を特別な権利として認めることで、集団間の平等がいっそう促進されるとヤングは想定している。こうしたヤングの構想は、彼女以後の集団別シティズンシップ論に少なからぬ影響を及ぼした。

2 承認と再分配をめぐって――ヤングとフレイザー

承認の政治への批判

もちろんヤングの議論を批判する論者も少なくない。ここでは主なものとして三つの立場を取り上げたい。第一は、ヤングの言うところの普遍的シティズンシップを支持するリベラリズムの立場からの批判である。この立場によると、リベラルな社会は生の目標や善の構想に関して特定の実質的な見解を支持せずに中立を守り、その成員はお互いを公正で平等に扱おうとしなければならない。こうした見解からすれば、集団的アイデンティティを重視してマイノリティの差異を強調し、マイノリティ集団の独自性と自律を求める、いわゆる「差異の政治」（あるいは「アイデンティティの政治」）は、政治システムの根幹を揺るがす危険な運動だと見なされる。普遍的シティズンシップの主張者は、ヤングをこうした差異の政治の代表ととらえ、集団的差異の顧慮という特別扱いが結果的に公正の原理を侵害してしまうと批判する。集団別権利の要求に対するこうした批判の典型はB・バリー（Barry 2001）に見られる[3]。

ここで注意が必要なのは、差異の政治は時として「承認の政治」とも呼ばれることである。C・テイラー（Taylor [1992] 1994）の論考以降、「承認の政治（politics of recognition）」は多文化主義のキーワードとなっている。テイラーのリベラリズムの理解においては、生命、自由、適法的手続きといった、近代のリベラリズムが構築してきた個人の重要な諸権利が、まずは擁護されなければならず、もちろんマイノリティにもそれらが認められなくてはならない。そして、そうした基本的な諸権利が全成員に認められるかぎりにおいて、集団的目標の追求が公的政策として議論されてよい。この種のリベラリズムは、個人がアイデンティティを確立するうえでの文化集団の重要性を説き、（特にマイノリティ集団の）文化的差異を顧慮した政治を主張する。アイデンティティと文化的差異の承認を要求する「承認の政治」は、「差異の政治」の一形態であると理解されることが多いが、だとすればテイラーがわざわざ論考の中で「差異の政治」という用語を使いながら、自らの立場を新たに「承認の政治」と名付ける理由はないであろう。テイラーによれば、すべての個人に尊厳を認め、対等の人格として平等に処遇するという近代に生じた理念は、普遍的な諸権利をすべての個人に保障する「平等な尊厳の政治」と、それぞれの個人のアイデンティティの承認にもとづく「差異の政治」とに分裂するようになる。そして、鋭く対立する要求をもつこれら二つの政治のモデルをいわば再婚させようというのが、「承認の政治」を論じたテイラーのライト・モチーフである。[4]したがって、テイラーにおいては、「承認の政治」は「差異の政治」と区別されるべきであろう。しかし、多くの論者はこれらを同じものと考えているため、テイラーの意図とは別に、しばしば「承認の政治」は

「差異の政治」と混用されてしまう。

第二に、バリーとは違う観点から、ヤングの理論を「ラディカルな多文化主義」と位置づけて批判するのはD・ミラーである。ナショナル・アイデンティティを重視するミラーは、ラディカルな多文化主義がナショナル・アイデンティティを掘り崩す危険性を有していると考える。ラディカルな多文化主義は、いわゆる真正な集団的アイデンティティと人為的に押しつけられる共通のナショナル・アイデンティティという誤った対比に立脚している。たとえば、移民集団が自分たちのエスニック・アイデンティティは真正なもので、受け入れ国のナショナル・アイデンティティは押しつけられた人為的なものだと考える根拠はない。ある集団的アイデンティティが他の集団的アイデンティティより「良い」ないし「純粋だ」と言うこともできない。そして、マジョリティ集団と共有される安定したナショナル・アイデンティティは、ホスト社会への統合を求めるマイノリティ集団にとっても重要である。それに、平等な尊厳という要求を下支えするためには、ナショナル・アイデンティティという共通感覚が不可欠である。それがなければ、マジョリティ集団にとって、マイノリティ集団は同じ社会にたまたま居住しているだけの人々に過ぎず、彼・彼女らに平等な尊厳と処遇を与えなくてはならない理由はなくなってしまう。だとすれば、社会集団の集団代表権というヤングの構想は、逆にマイノリティ集団が統合されないまま維持されていくことにつながるのかもしれない（Miller 1995）。

ただし、ミラーはナショナリティやナショナル・アイデンティティを重視するものの、それらを

「昔からそうだったから、これからもそうであり続けなければならない」というような、変化や多様性を許容しない態度とは結びつけない。A・ギデンズは、伝統を伝統的なやり方で擁護する態度――伝統だからという理由だけで伝統を価値あるものとし、規範化しようとする態度――を「原理主義」と呼んで批判するが（Giddens 1994）、ミラーのナショナリティの擁護はこのような原理主義的態度とは明らかに異なる。ミラーは公共圏における議論の過程のなかで、さまざまなマイノリティの視点がナショナルな歴史の理解に取り込まれていくことによって、多様な視座を含みもった共通文化が形成され、それにもとづいて統合されたナショナリティが形成されていくと考える。したがって、ミラーはナショナル・アイデンティティを偽物のように扱い、それを解体しようとするラディカルな多文化主義には反対するが、ナショナリティの維持を前提とするかぎりでむしろ政策としては多文化の共生には積極的であり、決して保守的に伝統を守ることを主張するわけではない。

第三に、集団的差異の顧慮を基本的に認めながらも、ヤングの構想では承認の問題が資源と財をめぐる分配の問題と衝突すると批判する立場もある。N・フレイザーはこの立場の代表的な論者だと言えよう。本節ではこれから、承認と再分配の衝突を指摘するこの批判に焦点を当てることとする。なぜならこの批判は、承認と再分配の葛藤を論じることを通じて、普遍的シティズンシップと集団別シティズンシップの両立可能性を探ろうとしているからである。言い換えれば、フレイザーには、「平等か差異か」のいずれかを選ぶしかないという二者択一の閉塞性を乗り越える可能性を探るという点で、ヤングの議論を継承、発展させようとする意図があるからである。この路線の議論は、見方を変えれば、再分配という政治経済的問題を基本軸として、「個人の基本的な諸権利が集団の全成員に認められるかぎりにおいて」というリベラリズムの「実質的コミットメント」（テイラー）の制約条件をどのように設定するべきかを追究しているのだと意味づけることもできる。

フレイザーのヤング批判

フレイザーは、近年の「ポスト社会主義」の政治闘争の特徴をなしているのが承認をめぐる政治であると考え、政治がアイデンティティの承認へ傾倒していくことに批判理論の立場から異を唱える。この政治においては、政治的動員の主要な手段として、集団のアイデンティティが階級の利害にとってかわる。そして、社会経済的な再分配にかわって、文化的な承認が不正に対する矯正策として政治の目的となる。もちろんこうした政治闘争の思想的背景としてもっとも論争の的となったのはテイラーの論考であったが、フレイザーはヤングにも承認と再分配をめぐる問題点が潜んでいることを示そうとする。[5] ヤングに対するフレイザーの批判は二本の論文にまとめられている。それらには共通する記述があるものの、「承認か再分配か？」（Fraser 1995a）が『正義と差異の政治』だけをターゲットとする書評論文であるのに対し、「再分配から承認へ？」（Fraser 1995b）では批判の対象をさらに拡大し、テイラーやA・ホネットも承認の政治の論者として括られている。[6]

フレイザーは、ヤングが「二焦点（bifocal）」の議論を展開していると指摘する。『正義と差異の政治』は「再分配と承認の両方、平等と差異の両方、文化と政治経済の両方に対する要求を内包した正義論を展開しようとしている」(Fraser 1995a: 167)。ヤングの議論は、両立困難な二つのものを同時に要求するがゆえに、魅力を備え、従来の政治理論よりも前進しているとフレイザーは評価する。しかしそれゆえにまた、ヤングの議論は中核的な構想に曖昧さを宿しており、文化的次元と政治的次元の深刻なジレンマを克服できていないとフレイザーは分析する。二つの次元は、分裂しているだけでなく、互いに干渉し合い、阻害し合う。

フレイザーの批判に従えば、ヤングが立てた五つの抑圧のモデルのなかには、文化に根ざす抑圧(文化帝国主義、暴力〔やハラスメント〕)と政治経済に根ざす抑圧(搾取、周縁化、無力状態)が混在している。文化に根ざす抑圧に対する矯正策は承認の政治であり、政治経済に根ざす抑圧に対する矯正策が再分配の政治である。実際には、抑圧が文化に根ざすものなのか、政治経済に根ざすものなのかは不分明であるため、承認の政治と再分配の政治のいずれが有効なのか、あるいは両方が必要なのかは見定めがたい。また、社会集団の概念も曖昧である。社会集団は、文化形式、実践、生活様式など、総じて文化によって差異化される人々の集まりであるが、成員の類似点は、エスニック集団のように共有された文化形式から生じる場合もあれば、ジェンダーのように分業における共通の地位から生じる場合もある。われわれは、前者を「文化にもとづく集団」、後者を「政治経済にもとづく集団」と呼んで区別することができる。けれども、ヤングはこの区別を消し去ってしまい、そのことでジェンダー、「人種」、エスニック集団、セクシュアリティ、ナショナリティ、社会階級などが同一のモデルに回収されてしまい、それらが有する区別すべき特徴が無視されてしまうことになりかねない（Fraser 1995a）。

ヤングの議論が見過ごしているのは、時として承認の政治と再分配の政治が矛盾する点である。たとえば、同性愛者に対する抑圧には、ゲイやレスビアンをめぐる諸表象を再編し、彼・彼女らを蔑視する意味づけの体制を再構築することが有効であろう。これは典型的に、承認の政治が効力を発揮する抑圧の場面である。それに対し、マルクス主義が問題視した労働者に対する抑圧には、典型的に再分配の政治が効果をもたらすはずである。ところが、たとえばジェンダーや「人種」を理由とする抑圧はどうであろうか。女性の政治経済的状況を改善させようとする再分配の政治は、女性と男性との区別をなくそうとするのに対し、女性のイメージの復権を目指す承認の政治は、女性と男性の区別を保持しようとする。実際には、女性に対する抑圧は政治経済的要因と文化的要因が重なり合い、絡み合って生じているのだが、そうした抑圧を取り除こうとすると、承認の政治と再分配の政治が矛盾し衝突してしまう。「人種」をめぐる抑圧に関しても事情は同様であろう。ヤングの魅力的な構想はこうしたジレンマを看過してしまっている。

フレイザーは差異に対する態度として四つのものをあげる。第一の態度は「ヒューマニズム」であり、被抑圧集団の成員が示す差異を抑圧の産物と見なす。この場合、適切な政治的反応は、差異の放擲である。第二は「文化的ナショナリズム」である（この場合ナショナリズムという用語は文化についての本質主義的態度として広く理解されるべきであろう）。この態度は、被抑圧集団の成員が示す差異――たとえば女性の心のこもったケアやアメリカ先住民の大地とのつながり――をその集団が優れている証であり普遍化可能なものだと見なす。第三に、文化的多様性という態度がある。これは、差異を優劣ではなく単に多様性だと見なし、それを肯定する。これがヤングの立場である。そして最後の第四の態度こそ、フレイザーが支持するものである。それは、具体的なケースに応じて差異を上記の三つのいずれに当てはまるかを考え、対応策を決めていくという態度であり、いわば「差異化された差異の政治」である。

そのような差異化された差異の理解は、承認の批判理論に大きな貢献を果たすであろう。それによってわれわれは、再分配の政治と矛盾なく協働するような差異の政治の翻案のみを同定し、擁護することができる。これはわれわれの時代の難題に対処するために必要とされるアプローチである。課題となっているのは、社会主義のパラダイムがもつ平等主義的理念を、承認のパラダイムにおける真に解放的なすべてのものと統合することである。(Fraser 1995a: 180)

抑圧の矯正策の衝突に対するフレイザーの答えは、再分配の政治に矛盾しないかぎりで承認の政治を遂行するというものであり、どちらかというと承認よりも再分配を重視する。

承認は、集団の特殊性を重視し、差異を促進しようとする。再分配は、集団の特殊性を強める経済制度を廃棄し、集団を脱差異化しようとする。フレイザーはこの緊張関係を「再分配と承認のジ

図表4-1

	肯定	転換
再分配	リベラルな福祉国家 ・既存の集団に既存の財を表向き再分配する ・集団の差異を促進する ・誤承認を生み出しうる	社会主義 ・生産関係を根本から再編する ・集団の差異を曖昧にする ・ある形態の誤承認を矯正するのに役立ちうる
承認	主流の多文化主義 ・既存の集団の既存のアイデンティティに尊敬を表向き再分配する ・集団の差異を促進する	脱構築 ・承認関係を根本から再編する ・集団の差異を曖昧にする

（Frazer 1995b より作成）

レンマ」（Fraser 1995b）と呼ぶが、いったい彼女はこれをどのようなシナリオで乗り越えようとするのか。ジェンダーや「人種」のように、文化的不正と政治経済的不正の両方を被っている集団には、承認の政治と再分配の政治の両方が必要である。どちらか一方では、こうした複合的な不正を矯正することはできない。したがって、どのような承認の政治とどのような再分配の政治を組み合わせれば相補的に機能するかを考察しなくてはならない。

フレイザーは、「肯定（affirmation）」と「転換（transformation）」という二つのアプローチを区別する。前者は既存の社会体制を維持しながら、後者は社会体制を再編することによって、社会体制が生み出す不公正な結果を是正そうとする（Fraser 1995b: 82）。承認の政治、再分配の政治のそれぞれが肯定と転換のアプローチをとりうることから、フレイザーはそれらを図表4‐1のように四つの矯正シナリオとして整理する（Fraser 1995b: 87）。

再分配と承認の組み合わせとして、リベラルな福祉国家と脱構築、社会主義と主流の多文化主義は、フレイザーによって早々に棄却される。なぜなら、すでにそれらの組み合わせでは、集団の差異を促進する／曖昧にするという矛盾が生じているからである。それゆえ、望みがありそうな組み合わせは、リベラルな福祉国家と主流の多文化主義（再分配・承認ともに肯定アプローチ）、社会主義と脱構築（再分配・承認ともに転換アプローチ）の二組となるが、前者もまた棄却されてしまう。というのも、社会体制を根本から再編することなしに、既存の集団の差異を維持しながら、表向き（つまり現状肯定的に）財を再分配し、見かけ上アイデンティティへの尊敬を示してもうまくいかないからである。たとえば、積極的差別是正措置《アファーマティブ・アクション》によって女性（あるいは黒人）の社会的不利益を解消しようとする政策は、実定化したジェンダーの差異を繰り返し現前させ、男性（あるいは白人）のルサンチマンを煽り、女性（あるいは黒人）は保護の必要な劣った存在であるとともに、特権によって優遇されている人たちだと印象づけてしまう。再分配の肯定アプローチは、誤承認へとつながってしまう可能性が高い。したがって、フレイザーが選択するべきだと考えるシナリオは、再分配・承認ともに転換アプローチをとる社会主義と脱構築の組み合わせ、すなわち、不公正を生み出す既存の社会体制を再編しつつ、既存の集団の差異を曖昧にして、優劣の意味を帯びないアイデンティティを再構築するという戦略である（Fraser 1995b）。ただし、残念ながらその具体案については明らかではない。

ヤング対フレイザー？

ヤングはフレイザーの批判に応答し、承認の政治が再分配の政治を無視しがちな点については、フレイザーに同意する。しかし、承認の政治のすべてが、アイデンティティの承認を政治の目標それ自体として措定し、政治経済的な側面を切り捨てているわけではない。たとえば、カルチュラル・スタディーズは、文化に根ざす抑圧と政治経済に根ざす抑圧が複合している事実を解き明かそうとしてきた。そうした批判的な理論活動を、フレイザーは正当に評価していない。また、ヤングはフレイザーが抑圧とそれに対する矯正策を二項対立図式に還元してしまうことに異議を唱える。ヤングは抑圧の五類型を提示したが、それは抑圧のさまざまな事例を五つのいずれかに分類しようとしたのではない。彼女は抑圧の五つの「見え方（face）」を指摘したのであって、抑圧の具体的な事例は、五つすべてではないにせよ、それらのいくつかが複合したものである。したがって、フレイザーのように、文化に根ざす抑圧と政治経済に根ざす抑圧に二極化し、その間のグラデーションで抑圧をとらえようとすれば、事柄を単純化しすぎる危険性が大きくなってしまう。

フレイザーはあらためて急進派《ラディカルズ》の注意を物質的な諸問題に向けさせようとした。物質的な諸問題とは、分業、資源へのアクセス、欲求の充足、そして社会転換、すなわち誰もが物質的快適さという条件の下で、自由に自己の能力を伸ばして行使し、他者と交際し、自分自身を表現することができる社会を生み出すのに必要な社会転換のことである。こうした彼女の主張は正しい。しかし、再分配／承認という分極化によって、彼女は、承認を要求する集団や運動のいくつかがそうした諸問題を無視する程度を大きく見積もりすぎている。（Young 1997: 159-60）

ヤングとフレイザーの論争を整理してみよう。ヤングの考えでは、抑圧は複合的なものであり、もともと過不足なく類型的に分類整理できるような現象ではない。それでも、そこに抑圧があることを指し示す言葉がなければ、抑圧を見いだすことはできないだろう。そこで、ヤングは抑圧にアプローチするための概念を五つ用意した。[7] フレイザーはこれら五つの概念を分類カテゴリーだと理解（誤解？）し、それらを種概念として二つの類概念に整理しようとして、そこに分類上の破綻と現実的な矛盾を見出した。フレイザーはヤングの考察を整理し、理論的一貫性を求めるなかで、問題をいわば創案したと言えよう。

ヤングとフレイザーは概念戦略が異なっており、互いに自らの理論的優位を示そうとしている。しかし、ヤングは承認（文化）に重点を置き、フレイザーは再分配（政治経済）を重視するという意味で、承認（文化）と再分配（政治経済）の葛藤に対する二人の態度が異なっているとしても、承認と再分配が両立するところにこそシティズンシップ――フレイザーはこの用語を使っていないが――の成立の可能性があると考えている点では、彼女たちの問題意識は一致していると言えよう。大掴みな言い方をすれば、集団別シティズンシップをめぐる議論としてヤングとフレイザーは相補的であり、対立を強調することはあまり生産的ではない。再分配なき承認は実質的な不平等を存続させてしまい、承認にもとづかない再分配は社会的存在としての人間の重要な部分を欠いてしまう。集団別シティズンシップ論は承認と再分配の両立ないしバランスを目指す必要がある。

二〇世紀後半のシティズンシップ論を概観してみると、社会的権利の拡大を重視したT・H・マーシャルは、国民国家の枠組み内でのシティズンシップの普遍化を労働者階級が「文明的な（civilized）」生活水準を享受することと理解した。彼によると、シティズンシップの普遍化は階級対立を無意味化する。それと同時に、シティズンシップには統合作用があり、地縁や血縁といった伝統的紐帯に代わって、シティズンシップは「共有財産である文明への忠誠心にもとづくコミュニティのメンバーシップについての直接的感覚」（Marshall 1992: 24）を要求する。コミュニティが国民国家であるかぎりで、この「直接的感覚」はナショナル・アイデンティティを意味するものと考えられる。マーシャルは文化やアイデンティティの次元はナショナル・アイデンティティのみを想定し、再分配の政治にフォーカスしたシティズンシップ論を展開したと言える。ヤングが批判した普遍的シティズンシップは、この流れに位置づけられる。けれども、ヤング以後の集団別権利論を経て、われわれはシティズンシップの要素に、文化的差異と集団的アイデンティティの承認を付け加える必要がある。これは、シティズンシップの要素を市民的権利、政治的権利、社会的権利に分けるマーシャルの三項図式では着眼されなかった要素であった。

承認と再分配の衝突は、二つの権利の衝突と考えられるが、マーシャルはシティズンシップの発展史に経済効率を求める原理と社会的平等を求める原理の葛藤を見ており、シティズンシップが一定の論理に従ってシステマティックに分化してきたものとは考えていない。三つの権利はそれぞれにせめぎ合い、補い合いながら発展してきた。その意味では、承認という新たな次元がシティズンシップに加わる際に、それが再分配と衝突すること自体は根本的問題であるとは言えない。むしろマーシャルが指摘したように、「あからさまな矛盾というのは実際のところ安定性の源泉であり、それは論理によって述べることができない妥協を通じて達成される」(Marshall 1992: 49)。承認と再分配の衝突を理論的に示してみせることはイデオロギー批判として重要ではあるが、権利の衝突のない社会体制の追究は非現実的であろう。

現代の社会状況を考えれば、承認の政治と再分配の政治のバランスを考えることはきわめて重要な思想的課題である。再分配の政治は基本的に「割り算の政治」であり、分母を無限大にできないという意味で、どうしてもメンバーシップが問題になる。言い換えれば、再分配に関して境界とメンバーシップを確定することは不可避の作業となる。マーシャルの時代にように、この境界を国境と同一視できるとすればまだしも話はわかりやすいが、グローバル化した現代ではトランスナショナルに移動する人々がますます増加しており、どうしても国民国家を枠組とする再分配の政治は限界を露呈してしまう。そこで、再分配の政治の不全を補う政治として承認の政治を考えることはできないだろうか。この点を検討するうえで、次節では具体的なケースとして外国で家事労働に従事するフィリピン女性を取り上げることにしたい。

3　再分配の対象となるのは誰か

ケア労働の国際移転

フィリピンでは、外国への移住労働者の送り出しを国策として推進してきた。フィリピン労働雇用省の海外雇用庁（Philippine Overseas Employment Administration、以下ＰＯＥＡ）の公式統計（図表４‐２参照）では、二〇〇九年に陸地で働くフィリピン人海外派遣労働者（Overseas Filipino Workers、以下ＯＦＷ）として新規に雇用を得たのは三三万一七五二人である。(8)

いわゆる「移民の女性化」はフィリピンでも起こっており、(9)二〇〇九年に新規雇用ＯＦＷのうち半数以上が女性である。上位の一〇の職業グループのうち、「家政サービス労働者」、「専門看護師」、「雑役、清掃および関連労働者」、「ケアギバー」、(10)ケアテイカー」、「家事および関連サービス労働者」などでは男女の比率が著しく女性に偏っている。

言うまでもなく、女性の比率が著しく高いこれらの職業は、家庭内の家父長制的な性別役割分業において主として女性が担ってきた役割に対応している。Ｒ・パレーニャスによれば、フィリピンの女性たちが就いているのは看護や家事労働のようなケア役割の仕事が多く、それらは伝統的に女性が担ってきた再生産領域の不払い労働を商品化したものであるために、労働市場においても低賃金の労働となってしまう。男性よりも稼得が少ないことで、家庭内での公平な分業をめぐる彼女たちの交渉力は制約されてしまう。ジェンダーの不平等にもとづくフィリピン国内の深刻な男女の賃

図表4-2　性別、上位10職業カテゴリー別、陸上で働くOFWの新規雇用数（2009年）

順位	職業カテゴリー	男性		女性		新規雇用者数男女計（人）	女性比率（%）
		新規雇用者数（人）	男性OFWに占める比率（%）	新規雇用者数（人）	女性OFWに占める比率（%）		
—	全カテゴリー	156,454	100.00	175,298	100.00	331,752	52.84
1	家政サービス労働者	1,888	1.21	69,669	39.74	71,557	97.36
2	専門看護師	1,599	1.02	11,866	6.77	13,465	88.12
3	ウェイター、バーテンダーおよび関連労働者	4,978	3.18	6,999	3.99	11,977	58.44
4	雑役、清掃および関連労働者	2,140	1.37	7,916	4.52	10,056	78.72
5	電気配線工	9,709	6.21	43	0.02	9,752	0.44
6	ケアギバー、ケアテイカー	507	0.32	8,721	4.97	9,228	94.51
7	一般の労働者または未熟練助手	7,105	4.54	994	0.57	8,099	12.27
8	配管工	7,702	4.92	20	0.01	7,722	0.26
9	溶接工、フレーム切断工	5,870	3.75	40	0.02	5,910	0.68
10	家事および関連サービス労働者	908	0.58	4,219	2.41	5,127	82.29

（POEA 2009 より作成*注）

*注　職業カテゴリーはPOEAが示しているものをそのまま採用している。たとえば「家政サービス労働者」と「家事および関連サービス労働者」の職務内容がどのように違うのかは明示されていない。

金格差は、女性の海外派遣労働を後押しすることになる。低賃金の国内労働市場よりは、海外市場での稼得のほうが相対的に大きいからである。では、こうして海外で比較的高い賃金を稼ぐ女性たちは、フィリピン国内にいる家族と物理的に遠く離れることも作用して、家庭責任から解放されるかといえば、実際のところなかなかそうはならない。子どもがいる夫婦の場合、妻は海外で働いていても熱心に母親役割を務めようと努力するのに対し、夫は家事などをたとえば親族の別の女性に任せたり、自分だけ転居したりする。海外で働く母親たちは、毎週決まった時間に国際電話をかけて子どもたちの話を聞き、メールや手紙のやりとりをし、家族に定期的に小包を送ったりする。遠隔地にいる母親たちのこうした「偉業」によってトランスナショナルな家族は見かけ上の親密性を維持しているが、男性の家事労働からの逃避によって、女性の努力はかえって女性の家庭性というイデオロギーを存続させるような逆機能をもつ。それによって、女性の国際移動によるジェンダー再編は進まなくなってしまう（パレーニャス 2007）。

家族のためのケアは国家などの公的な責任ではなく私的になすべきものとされているが、現状の性別役割分業にもとづくかぎり、それは女性の担うべき役割となる。フィリピン女性が海外でケア労働に従事している場合、ケア労働の国際分業が行われていることになる。そこにケア移転の三層構造が生じる。

ケア労働の国際分業を下降するにしたがって、家族生活の質は下がっていく。家事の拘束から解放された頂点に位置する人間は、より多く稼ぐことができ、その結果自分たちが雇っている家事労働者よりも質のよいケアを享受できる。相対的に賃金の低い家事労働者たちは、同様なケアを自分の家族には提供できない。そこで彼女たちは家族をフィリピンに残し、より低賃金の家事労働者に自分の家族のケアを担わせる。そして再生産労働の三層ヒエラルキーの底辺に追いやられた第三世界の家事労働者は、自分自身の家族の再生産を保障するための物質的な資源をほとんどもたない。（パレーニャス 2007: 132）

さらに、海外で家事労働に従事するフィリピン女性たちは、受け入れ国におけるシティズンシップの制限を被ることになる。ほとんどの国で、移住家事労働者の法的地位は、良くて「ゲストワーカー」（外国人労働者）、ひどい場合には「ゲストワーカー」ですらない(11)。そのため、彼女たちは家族の呼び寄せができない。また、家事労働に就く「ゲストワーカー」の契約は雇用主との同居を条件とすることが多く、個人の家庭で孤立してしまうことになる。カナダのように完全なシティズンシップを獲得できる可能性がある国でさえ、外国人家事労働者が定住移民の地位を得るまでに二年の住み込み労働が義務づけられている。この期間、外国人家事労働者は一時的滞在者としての地位に制限されることになり、国内労働者を保護する労働法が適用されない。

いうまでもなく、こうした不完全なシティズンシップを移住家事労働者に課すことで利益を得るのは、雇用主である。ゲストワーカーという地位を与え、「ネイティヴの」雇用主へと法的に依存させ、家族再統合を認めず、労働市場において外国人女性を家事労働職へと分離することによって、ホスト社会は、安定的で簡単に買うことができるケア労働者の供給源を確保するのだ。同時に、労働者自身の家族、とりわけ子どもへのケアを抑えこむことで、彼女たちの労働力は最大限に引き出される。これによって、雇用主家族は利益を得ることになる。なぜなら、自分自身の家族へのケア責任から自由になっている移住ケア労働者は、最大限可能なケアを（雇用主家族へ）提供してくれるからだ。（パレーニャス 2007: 141）

誰にとっての再分配か

海外でケア労働に従事するフィリピン女性の事例を見るかぎり、グローバル化した現代世界においては、フレイザーの「社会主義＋脱構築」という戦略はやや単純だと言えよう。なるほど彼女たちがケア労働という低賃金労働に従事せざるをえない根本的原因として、ジェンダーの不平等があり、性別をめぐる文化や家族のレジームの脱構築が必要かもしれない。しかし、それはいかにして可能であろうか。外国で労働条件の悪いケア労働に従事している彼女たちに政治経済的な矯正策が不可欠なのは言うまでもないが、それはいかにして可能であろうか。移住家事労働者の法的地位を向上させても、彼女たちの賃金を上げても、先進国と第三世界との経済格差が解消しないかぎり、ケア労働の三層構造は残存するだろう。

ある者にとっての不正を矯正する再分配の政治が、別の者に対する抑圧となることがあるという事実を、われわれは忘れてはならない。とりわけ、社会的相互行為の枠組みがグローバルに拡大し、経済のグローバル化とともに移住もグローバル化している現在、ある領土化された、メンバーシップの制限された再分配システム内部における不正の矯正が、その外部に対する抑圧に転化する可能性が高まっている。先進国の女性が、ケア労働の国際移転によって商品化された家事労働を購入することによって、自らの労働のチャンスを拡大し、家庭内および労働市場におけるジェンダーの不均衡を矯正するためのエンパワーメントを得ている。だがその結果、フィリピン女性が家父長制的なイデオロギーにとらわれていくことになる。彼女たちの国境を越えた移動は、家庭から家庭への移動でもあるのである。

われわれの間の平等は、われわれとわれわれ以外の人々との間の不平等を前提に成り立っているのかもしれない。そして、その彼・彼女らは地球の裏側に暮らす人々かもしれないし、われわれと同じこの社会に暮らす人々かもしれない。ローカルな文脈で成功した再分配の政治は、さらに広範な文脈での再分配の政治の成功を必ずしも意味しない。だとすれば、リベラルな福祉国家と主流の多文化主義（再分配・承認ともに肯定アプローチ）という、その場しのぎかもしれない方策も選択肢に入るのではないか。実際、積極的差別是正措置は長期的にはフレイザーの言うように逆差別という意味づけを拡大し、誤承認を招く可能性もあるだろうが、短期的には不利な立場にある人々の地位を確実に向上させる。こうした確実な歩みの積み重ねは、単純にロジックによって否定されるべきものではなかろう。そして、再分配の政治があるコミュニティに関するメンバーシップを前提にするものである以上、誰がコミュニティのメンバーであるかということが常に問題になる。再分配のシステムから排除された人々が突きつけるメンバーシップを与えよという要求は、自分たちを同じ社会のメンバーとして平等に処遇せよという要求を含んでおり、それは自分たちの存在を承認せよという要求と不可分である。対等の承認を求める政治は、社会から排除された社会集団が平等な再分配を求めるための前提条件を作り出すのである。

4 開かれた公共圏に向けて

ヤングの参加型民主主義の限界

前節の議論をふまえて、ヤングに立ち戻り、彼女の立論の弱点について触れておこう。グローバル化という社会条件下で生じる抑圧を分析するには、トランスナショナルな社会科学的視座が不可欠である。残念なことに、ヤングのシティズンシップ論はこうした視座に立ってはいない。

集団別権利を主張したヤングは、集団代表権が行使される場を国家の立法機関や行政機関だと明言していない。この点は強調しておく必要があるだろう。集団代表制を議会の議席数に関するクォータ制のようなものだと決めつけるのは不適切である。ヤングの構想においては、集団代表権を行使した集団が自らの見解を表明するのは、議会や政府ではなく公衆のなかである。集団代表制は、公衆のなかで被抑圧集団が差異を承認され、発言を認められ、意見を聞いてもらう、異質性を担保するための制度である。ヤングは被抑圧集団の自己組織化を重視するが、被抑圧集団が組織した団体にも民主主義的フォーラムが不可欠だとする。集団別シティズンシップの理念は社会のさまざまな組織に浸透し、社会のいたるところで集団代表権にもとづく意見表明がなされ、全体として異質な公衆が形成される。これこそがヤングの参加型民主主義の構想なのであり、国家や地方自治体の諸機関だけに政治のアリーナを限定してはならない[12]。

ところが、ヤングの参加型民主主義の構想は、どこかで共和主義のユートピアを捨て切れていない。共和主義のユートピアへのヤングの傾倒は、たとえば利益集団多元主義（interest group pluralism）と異質な公衆の対比に見てとれる。利益集団はアイデンティティの構成要素とはならず、社会の共通利益を考慮せずに私的で特殊な利益を追求し、公的な討論による意志決定を阻害するとされる。他方、（抑圧された）社会集団は社会の共通の利益に貢献することが素朴に前提されている。しかしながら、利益集団と被抑圧集団を区別することは、理念型としては可能だとしても、現実には容易ではない。

被抑圧集団が利益集団とならない保証はまったくない。また、利益集団が公衆の一部として民主主義的な意志決定に参画し、社会の共通利益に貢献する可能性もないわけではない[13]。しかし、ヤングは利益集団に集団代表権を一切認めようとしない。ヤングは利益集団を、普遍的シティズンシップが差異性をもつ集団を排除したのと同じ論理で排除しようとする（が、実際には利益集団はまさに利益集団として活動するがゆえになかなか排除されないだろう）。結局のところ、民主主義的な意志決定に参画して共通利益に貢献する公衆であるかどうかは、抑圧されているかどうかで決まるのではなく、人々が市民の徳《シヴィック・ヴァーチュ》をもつかどうかで決まるはずである。A・スミスのように、各人の自己利益の追求が全体として共通利益を達成するような自動調整メカニズムを想定しないかぎりは、社会の共通利益を論じるのに徳の議論は避けられないのではないだろうか。

ヤングは実際には共和主義に傾倒しながら、政治的コミュニティへの公衆としての積極的な参加を唱えることと、同質な公衆への同化要求とを同一視するために、共和主義が往々にして主張するようなシティズンシップの責任や義務という徳の側面に関する議論を避け、権利論としてシティズンシップを論じようとする。G・デランティは現代的なシティズンシップの構成要素として、権利、責任、参加、アイデンティティの四つをあげている（Delanty 2000）。ヤングはそのうち権利とアイデンティティについては積極的に論じ、参加をほのめかしながら、責任についての議論は回避してしまった。その点が、集団別シティズンシップというヤングの魅力的な構想の弱点となっている。(14)

社会の境界とメンバーシップ

また、ヤングの構想のもう一つの問題点として、社会の境界とメンバーシップについての考察を欠いていることがあげられよう。先ほど確認したとおり、ヤングは、社会集団が集団代表権を行使する場を公衆のなかに設定している。現代社会の構成を考えれば、この点は重要である。資本主義経済のグローバルな展開にともない、人々の移動もグローバル化している。人々は、主として職場を求めて、場合によっては留学や観光のために、また別の場合には難民として、国境を越えて移動する。そのため、日本のような先進国の多くは、国家の領域内に多数の外国人が居住している。結果として、社会のメンバーであることと国家のメンバーであることが一致しない事態があらためて生じている。シティズンシップの付与は何らかのコミュニティへのメンバーシップにもとづくが、近代のシティズンシップは便宜上そのコミュニティを国民国家と見なすことによって発展してきた。この近代のシティズンシップの原則が、現代では揺らぎつつある。そのため、議会や政府という公的組織への参画に限定されない政治的行為、国籍に左右されない政治的権利の行使の可能性を考察することが、現代のシティズンシップ論の大きな課題となっている。

マーシャルの三項図式に準拠するならば、多くの論者は三つの権利のなかで政治的権利をもっとも重視してきた（たとえばH・アーレント）。ところが——「それだけに」と言うべきかもしれないが——グローバル経済と国際的な人権レジームのもとで市民的権利が（形式的にすぎないにせよ）広く認められ、社会的権利も（教育などを中心に）その一部が国籍に関係なく保障されているのに対し、あいかわらず国家のメンバーシップと堅固な結びつきを保っている政治的権利は特に日本では国籍がなければ得られない。[15] したがって、政治的権利を「政治的権威を認められた団体の成員として、あるいはそうした団体の成員を選挙する者として、政治権力の行使に参加する権利」（Marshall 1992: 8）であり、あくまで議会という制度と関連するものとしてとらえるならば、この権利は、獲得するのにもっともハードルが高いシティズンシップの権利だと言えよう。またそれだけに、国籍と結びついた政治的権利の獲得にこだわらず、いわゆるデニズンとして暮らす人々も多い。現在各国でますます増加しているデニズンは、社会の成員なのだろうか、それともあくまでアウトサイダーなのだろうか。

ヤングの集団別シティズンシップの構想は、マーシャル的な枠組みを超えた政治的権利の可能性を示唆している。帰化によって国籍を取得していない外国人労働者の場合でも、彼・彼女らが社会集団を形成しているると見なしうるかぎりで、選挙権や被選挙権が与えられないまでも、ホスト国における公衆としての政治的行為の権利が保障されることになるからである[16]。この政治的行為は、承認の政治というかたちをとることで、再分配の政治のための前提条件の整備を求めるものである。そして、そこにはトランスナショナルな政治的公共圏を論じる可能性も見えてくる。

ところが、ヤングの議論では、こうした可能性は十分に展開されていない。抑圧された社会集団の例は「女性、黒人、先住アメリカ人、老人、低所得者、障碍者、ゲイ、レスビアン、ヒスパニック、若者、非熟練労働者」であったが、このなかにはグローバルないしトランスナショナルに移動する人々は含められていない。ヒスパニックにしても、一方向的に流入し定着した人々だと想定されているのであろう。これらの社会集団が活動する、ここで想定されている社会は、結局のところ国境内に閉じてしまっている。ヤングは移動という観点から社会集団を議論できず、「社会生活の定住的イメージ」（Featherstone 1995）を脱したシティズンシップ論を構想できなかった[17]。だが、それだけではない。社会と国家の同等視は、そもそもヤングの共和主義への傾倒からして当然の帰結であるとも言える。共和主義は、明確な境界をもつコミュニティの同定と各成員のそのコミュニティへの同一化という二重のアイデンティフィケーションによって成り立つ。それゆえ、社会集団は国家の内部に収まっているものとしてのみイメージされる。実際ヤングの五つの抑圧の形態はすべて外国人嫌悪《ゼノフォビア》の典型なのであるが、彼女はなぜ外国人を抑圧された社会集団に含めていないのだろうか。

集団別権利という構想は、グローバル化のプロセスを視野に入れつつ練り直す必要がある。異質な公衆を保持することは、この社会に生じる不平等をトランスナショナルな視野でとらえ、議論し、解決策を探るために必要となるであろう。

〈注〉

（1）女性とシティズンシップという論点に関する詳しい研究としては、R・リスター（Lister 2003）や岡野八代（2009）などを参照されたい。
（2）「暴力とハラスメント」はYoung（1990）では「暴力」に統一されている。
（3）S・ベンハビブはバリーの多文化主義への批判をヤングやフレイザーの議論とからめて論じている。
（4）テイラー（Taylor [1992] 1994）はシティズンシップという用語を使わないが、この「承認の政治」の路線を多文化的シティズンシップ論へと発展させることに貢献したのはW・キムリッカである。キムリッカについては本書第5章を参照。

（5）実際にフレイザーが主なターゲットとしているのは『正義と差異の政治』（Young 1990）である。ヤングのこの著書は、「政治体と集団の差異」とほぼ同時期に公刊されており、議論の枠組みにも共通するところが多い。

（6）テイラーが再分配を主要な論点としていないのは事実であるが、再分配を軽視しているとは必ずしも言えないし、承認と再分配の衝突に気づかなかったわけでもあるまい。テイラーは次のように示唆している。「……強い集団的目標をもつ社会は――特に、社会の共通の目標を共有しない人々を扱う際に――多様性を尊重することができるならば、そして基本的諸権利に対する適切な保護を提供できるならば、リベラルでありうる。これらの目標を一緒に追求することには、疑いなく、緊張と困難が伴う。しかし、こうした追求は不可能ではない。しかもそこに存在する諸問題は、すべてのリベラルな社会が、たとえば自由と平等、あるいは繁栄と正義を組み合わせなければならないときに直面する諸問題と比べて、原理的により大きいわけではない」（Taylor [1992] 1994: 59-60）。ホネットについても同様であり、フレイザーが問題を「承認か再分配か」という二項対立に単純化しすぎていることは否めない（Fraser and Honneth 1993）。

（7）ヤングが指摘した、搾取、周縁化、無力状態、文化帝国主義、暴力やハラスメントという抑圧を指差す五つの概念は、いわば現代思想のキーワードである。それらの配置《コンステレーション》を考察すれば、現代思想の見取り図を作ることができるだろう。だとすれば、これから新たな思想の動きがあり、現実を見る新しい視座が生まれる、六番目以降の抑圧を指差す概念が発見される可能性がある。たとえば、育児や高齢者のケアを放棄して保護者・介護者としての責任を著しく怠るネグレクトは、虐待の一類型だとされている。上記の五つに当てはまる抑圧があるにもかかわらず、それらに目を向けようとせず、必要な対応もとらず、素知らぬふりを通す態度をネグレクトとして抑圧の一つに加えてもよいかもしれない。もちろんながら、もともとネグレクトという概念は、養育・介護される者を弱き存在と位置づけ、そうした無力な存在に対する保護者・介護者の責任を想定しているが、社会における抑圧を表す概念としてネグレクトには、保護する者とされる者というアンバランスな権力関係をナイーブに想定することは不適切である。

(8) これ以外に海上で働くOFWがいる。二〇〇九年では、既採用・新規採用を含む全OFWは一四二万二五八六人であり、このうち陸上で働く者が一〇九万二一六二人、海上で働く者が三三万〇四二四人となっている。ここ数年の統計では、海上で働く者の大半は男性である。

(9) 二〇〇五年では、陸上で働くOFWのうち男性が七万九〇七九人、女性が二〇万五二〇六人となっていた。二〇〇六年以降、男性OFWが急激に増加する傾向にあり、二〇〇九年ではやや女性が多いものの、男女がほぼ同数に近づいている。つまりここ数年のフィリピンの送出移民に関するかぎりでは「移民の男性化」とも言うべき傾向が確認できる。しかし、「移民の女性化(feminization of migration)」に関するカースルズとミラーの記述によれば、「あらゆる地域で生じるあらゆるタイプの移住において、女性の役割が増大している」ことが確認されており、とりわけ「一九六〇年代以来、女性は労働移民において重要な役割を演じるようになった」(Casteles and Miller 2009: 12)。こうした(半世紀におよぶ)長期的でグローバルなトレンドとして「移民の女性化」を捉えるならば、フィリピンでもこのトレンドが確認されると考えてよいだろう。

(10) ケアギバー(caregiver)とは「クライアントの家庭で(雇用主の監督なしに)、あるいは施設で、ケアを必要とする人への対人格的(パーソナル)なケアやサービスを提供する」、フィリピン政府に認定された有資格者のことである。ケアの対象としては、子ども、高齢者、特別要支援者・身体障碍者などが想定されている(伊藤ほか 2008)。

(11) たとえば、ドイツでは、長期的介護の必要な高齢者のための外国人ケアギバーだけが合法的な移住労働者として認められる。フランスでは、家事労働という職業に移住労働者の合法的地位は与えられない。

(12) ヤングの集団代表権は政治的権利だとしても、マーシャルが定式化したシティズンシップの政治的要素とは異なっている。ヤングにとっては、マーシャルの言う政治的権利が(少なくとも法的権利として)獲得されているにもかかわらず、すでにある参政権を十分に行使できるほどに公共圏に受け入れられていないことが問題なのである。

（13）近年ＣＳＲ（企業の社会的責任）をめぐる議論が盛んであるが、この議論は利益集団が社会の共通利益に貢献する可能性を論じている。このような、私的な利益の追求と公共的な利益の追求が両立する可能性を、ヤングは考慮していない。

（14）もちろんヤングがグローバルな視点や責任についてまったく議論しなかったわけではない。ヤングの死後出版された『正義のための責任』の第五章はまさに「境界を越えた正義」というタイトルになっている（Young 2011）。ただし、あくまで一九八九年のシティズンシップ論では、国境を越えた責任という議論はない。

（15）地方自治体レベルでの参政権は少しずつとはいえ拡大する傾向にあるが（たとえばＥＵ）、国政に参加する権利は、今のところ原則として、居住の事実よりも国籍の有無に左右される。

（16）日本においても、こうした理念をうまく制度化した試みがある。川崎市外国人市民代表者会議が好例である。

（17）グローバル化に関する研究が多数出版され、議論が盛んになるのが一九九〇年代以降であることを考えれば、一九八九年時点でヤングの議論が「社会生活の定住的イメージ」にとらわれたのも仕方なかろう。国境を越えて移動する人々が形成するトランスナショナルな社会空間と、そこで生きる人々については、渡戸ほか（2003）、田嶋（2010）などを参照。日本における外国人と移民政策の現状については渡戸・井沢（2009）などを参照。

〈文献〉

Barry, Brian, 2001, *Culture and Equality: An Egalitarian Critique of Multiculturalism*, Cambridge: Harvard University Press.

Benhabib, Seyla, 2002, *The Claims of Culture: Equality and Diversity in the Global Era*, Princeton: Princeton University Press.

Castles, Stephen and Mark J. Miller, 2009, *The Age of Migration: International Population Movements in the Modern World*, 4th edition, New York: The Guilford Press.

Delanty, Gerard, 2000, *Citizenship in a Gobal Age*, Buckingham: Open University Press.

Featherstone, Mike, 1995, *Undoing Culture: Globalization, Postmodernism and Identity*, London: SAGE Publications.

Fraser, Nancy, 1995a, "Recognition or Redistribution?: A Critical Reading of Iris Young's *Justice and the Politics of Difference,*" *The Journal of Political Philosophy*, 3 (2): 166-180.

———— 1995b, "From Redistribution to Recognition?: Dilemmas of Justice in a 'Post-Socialist' Age," *The New Left Review*, 212: 68-93. Reprinted in: Cynthia Willett ed., 1998, *Theorizing Multiculturalism: A Guide to the Current Debate*, Oxford: Blackwell Publishers, 19-49.

———— 1997, "A Rejoinder to Iris Young," *The New Left Review*, 223: 126-9. Reprinted in: Willett ed., 1998, 68-72.

Fraser, N. and Axel Honneth, 1993, *Redistribution or Recognition?: A Political-Philosophical Exchange*, translated by Joel Golb and James Ingram, London: Verso Books.

Giddens, Anthony, 1994, *Beyond Left and Right: The Future of Radical Politics*, Stanford: Stanford University Press.

Lister, Ruth, 2003, *Citizenship: Feminist Perspective*, 2nd edition, New York: New York University Press.

Marshall, Thomas H., 1992, "Citizenship and Social Class," Marshall and Tom Bottomore, *Citizenship and Social Class*, London: Pluto Press, 3-51.

岡野八代 2009 『シティズンシップの政治学――国民・国家主義批判』〔増補版〕白澤社。

パレーニャス、ラセル 2007 「女はいつもホームにある――グローバリゼーションにおけるフィリピン女性家事労働者の国際移動」小ヶ谷千穂訳、伊豫谷登士翁編『移動から場所を問う』有信堂。

POEA, 2009, '2009 Overseas Employment Statistics,' http://www.poea.gov.ph/stats/ 2009_OFW%20Statistics.pdf (June 30th, 2011).

田嶋淳子 2010 『国際移住の社会学――東アジアのグローバル化を考える』明石書店。

Taylor, Charles, [1992] 1994, "The Politics of Recognition," Amy Gutmann ed., *Multiculturalism: Examining the Politics of Recognition*, Princeton: Princeton University Press, 25-73.

渡戸一郎・井沢泰樹編 2010 『多民族化社会・日本――〈多文化共生〉の社会的リアリティを問い直す』明石書店。

渡戸一郎ほか編 2003 『都市的世界／コミュニティ／エスニシティ——ポストメトロポリス期の都市エスノグラフィ集成』明石書店。

Young, Iris M., 1989, "Polity and Group Difference: A Critique of the Ideal of Universal Citizenship," *Ethics*, 99(2): 250-74. Reprinted in: Ronald Beiner ed., 1995, *Theorizing Citizenship*, Albany: State University of New York Press, 175-207.

——— 1990, *Justice and the Politics of Difference*, Princeton: Princeton University Press.

——— 1997, "Unruly Categories: A Critique of Nancy Fraser's Dual Systems Theory," *The New Left Review*, 222: 147-60.

——— 2011, *Responsibility for Justice*, New York: Oxford University Press.

第5章

多文化的シティズンシップ
――キムリッカのリベラル平等主義の構想をめぐって

―――――――――――― 時安邦治

1　多文化的シティズンシップ

現代の国家は、文化的多様性のために大小さまざまな軋轢が生じている。歴史的な経緯から一つの国家の領土内に複数の民族が存在していたり、先住民族が特定の地域に居住していたりする。また、グローバル化の趨勢のもと、多数の人々が国境を越えて移動している。これらの結果として生じている民族間の対立や紛争は、今なお解決していないばかりか、むしろ加熱さえしているところもある。

二〇一一年七月、ノルウェーで計七七人が死亡する凶悪な連続テロ事件が起こった。首都オスロの政府庁舎を爆破し、オスロ近郊にあるウトヤ島で行われていたノルウェー労働党青年部の集会で銃を乱射した青年は、ノルウェー政府の多文化主義政策をやり玉に挙げ、イスラム教徒から西欧を守るための「反多文化主義革命」を目論んだのであった。皮肉にも日本は彼が目指すべきモデルとした国の一つであった。この事件に先立つ二〇一〇年一〇月、ドイツではメルケル首相がキリスト教民主同盟の青年部会議で「『さあ、多文化社会を推進し、共存、共栄しよう』と唱えるやり方は完全に失敗した」と演説した。[1] 二〇一一年二月にはイギリスのキャメロン首相が訪問先のドイツで

「イギリスの多文化主義は失敗した」と発言した。フランスのサルコジ大統領も自国の多文化主義の失敗を語った。西欧の主要国の首相・大統領が一斉に「多文化主義の失敗」を認めたことに呼応するかのように、ノルウェーでの連続テロ事件が起こったことになる。

もちろん多文化主義が本当に「失敗」したかどうかは定かではない。元ノルウェー首相であるノーベル賞委員会のヤーグラン委員長がヨーロッパの政治指導者に対して「言葉の火遊びはやめるべきだ」と釘を刺したように、多文化主義とは何かがそもそも了解されていないままに「失敗」が語られている面もある。長きにわたる歴史の結果として、さらにはEU統合という現代の政治・経済的な動きの結果として、ヨーロッパ諸国は社会のなかに移住者を多く抱えているため、不可避的に多文化の共生を目指さざるをえない。こうした「共生」という目標にとって、シティズンシップの概念はきわめて重要な視座を提供するであろう。

本章では、多文化的シティズンシップについて、カナダの政治哲学者W・キムリッカの議論を軸として考えていきたい。多文化的シティズンシップとは、多文化主義にのっとって規定されるシティズンシップのことである。関根政美の的確な表現によれば、

多文化主義は、多民族・多文化社会の統合にもはや、同化主義は有効ではなく、むしろそれは、民族・エスニック紛争の原因になるという認識に立つ。むしろ、各人種、民族、エスニック集団（移民・難民、外国人労働者、周辺地域少数民族集団等）の伝統的文化、言語、生活習慣を中央政

府が積極的に保護し、維持のためにに公的援助を行うばかりではなく、人種差別禁止、アファーマティブ・アクション（積極的差別是正措置）を導入して、エスニック・マイノリティの教育や職業を基軸とした社会参加を促し、各集団内の不満の蓄積を防ごうとするものである。要するに、政治的、社会的、文化・言語的不平等をなくして国民社会の統合を維持しようとするイデオロギーであり、具体的な一群の政策の指導原理である。（関根 2000: 42）

T・H・マーシャルの立論では、シティズンシップの三つの権利によって全国民は文明生活に参与できるようになる。シティズンシップは貧しい労働者階級をも国民へと統合して、福祉国家体制を確立し維持していく（Marshall 1992）。彼は国民国家を前提としており、国民国家内の多元性は、さまざまな文化集団が織りなす文化的多様性よりも、階級対立によって引き起こされると想定していた。労働者階級が文明市民へと統合されて階級対立が無意味化されると同時に、国民的アイデンティティが醸成され、国民統合が進むと考える彼の理論構制では、そもそも文化的多元性が考慮されていない。近代の国民国家の福祉国家化を要請したマーシャルは、国民の社会的階級以外の属性を理論的には問題としない。しかしマーシャル以後、特に八〇年代以降は、国民の文化的同一性を当然視するような社会理論への批判が強まり、多文化主義的権利要求をふまえた社会理論が模索された。

多文化的シティズンシップという視座は、多民族社会や移民社会における文化的マイノリティの権利要求を社会の成員資格《メンバーシップ》にもとづく権利要求として理解し、従来のシティズンシップ論を補完しようとする。多文化主義の失敗を語ったキャメロンは、同じ演説で「われわれは近年の受動的な寛容ではなく、積極的でたくましいリベラリズムをより必要としているのだ」とも述べた。ここでは「寛容としての多文化主義」と「たくましいリベラリズム」が「受動的（passive）」対「積極的（active）」という形容によって対比されている。こうした用語法は、あくまで政治的なキャッチフレーズの域を出ないとはいえ、一般的な多文化主義とリベラリズムのイメージをある程度代表していると言えよう。それに対してキムリッカは、ロールズの正義論とリベラリズムの伝統を再解釈しながら、文化的マイノリティへの顧慮を組み込んだリベラリズムの枠組みを提示する。彼は文化的差異の顧慮がリベラリズムの伝統を受け継ぐものだと考え、シティズンシップ論をリベラルな権利論として展開するのである（Kymlicka 1995）。むしろここで問題になるのは、受動的か積極的かという態度の違いではなく、リベラルな国家は個人の生の目標や善の構想の具体的内容には立ち入らず、「中立」でなければならないとする見解――いわゆる「手続き的」リベラリズム――である。つまり「中立国家＋寛容」というセットではない文化的差異の顧慮の仕方がリベラリズムとしてありうるかという問題である。本章ではキムリッカの議論をモデルとして、この点について多文化的シティズンシップ論を検討したい。

2　キムリッカの多文化的シティズンシップ論

初めに、キムリッカが『多文化的シティズンシップ』（邦題『多文化時代の市民権』）において、どのようなアプローチで多文化主義を主張しているのかを確認しておこう。まず『多文化的シティズンシップ』の理論構制を二つの点から明らかにしたい。第一に、彼が「多文化的（multicultural）」という概念をどのように規定しているかを見ていく。「多文化的」という言葉に含まれる「文化」の規定から出発し、彼が多文化的社会をナショナリティやエスニシティを指標とする文化集団の複数性からなる社会だと想定していることを確認したい。第二に、彼が「集団的権利（collective rights）」という概念の曖昧さを指摘し、それに代えて「集団別権利（group-differentiated rights）」を提唱する主旨について論じたい。

「多文化的」という概念について

キムリッカは一貫して、議論の射程をナショナリティやエスニシティを指標として認識されるマイノリティに限定している。それは何よりも、「多文化的」という用語、さらにはそこに含まれている文化の概念規定に表れている。彼は「多文化的」という言葉が引き起こす混乱を回避しようとする。たとえば、アメリカでは「多文化的」という言葉によって、障碍者、同性愛者、女性、労働者階級、無神論者、共産主義者といった集団が歴史的に排除されてきたことへの抵抗を言い表そうとする向きもある。しかし、キムリッカの用語法ではこれらの文化を「文化」とは呼ばない。なぜなら、「文化」をそのような細分化された下位文化としてとらえるなら、すべての国家が「多文化的」な社会だということになる。また、文化を一括りに「文明」と同一視するなら、すべての国家が同一の産業化された近代的社会生活様式に従っているかぎりで、あまり「多文化的」ではないことになる。そこで、キムリッカは「文化（a culture）」という語を、「民族（a nation or a people）」の同義語として、すなわち「制度化がほぼ十分に行きわたり、一定の領域や伝統的居住地に居住し、独自の言語と歴史を共有する、多世代にまたがるコミュニティを指すもの」（Kymlicka 1995: 18）として用いる。この限定の結果、「多文化的」という用語は、ナショナリティやエスニシティによって認識されるマイノリティにだけ適用される。

その上で、キムリッカは「多文化的」であることを、「多民族（multinational）」[2]と「ポリエスニック（polyethnic）」という語によって区別する。多民族国家とは、「文化的多様性が、かつて一定の地域にまとまりをもって存在して、自己統治を行っていた諸文化圏を、より大きな国家へ組み入れたことから生じている」国家であり、ポリエスニック国家とは「文化的多様性が、個人あるいは家族でやってきた移民から生じている」国家である。そして、こうした文化の差異が「個人のアイデンティティや政治的生活の重要な側面をなしている場合」、その国家は多文化的である（Kymlicka 1995: 18）。多民族国家の典型は中国やロシアなどであり、ポリエスニック国家の典型はアメリカ、カナダ、オーストラリアなどであろう[3]。

この区別に対応して、キムリッカは文化的マイノリティを「民族的マイノリティ（national minorities）」と「エスニック集団（ethnic groups）」という二つの類型に区別している（Kymlicka 1995: 6)。文化的マイノリティをその成り立ちに着目して分節化することが、キムリッカの概念戦略である。キムリッカはこの区別の指標を、基本的には「社会構成文化（societal culture）」をもつかどうかにおいている。社会構成文化とは「そこに、社会生活、教育生活、宗教生活、余暇生活、経済生活を含んだ、公的領域と私的領域の双方を包含する人間の活動のすべての範囲にわたって、諸々の有意味な生活様式をその成員に提供する文化」のことである。そして、それは「共有された記憶や価値だけでなく、諸々の共通の制度と実践をも含んだもの」（Kymlicka 1995: 76）である。社会構成文化は、歴史性、領域性、それを担う人々の数、とりわけ言語といった指標に規定されており、一定水準で実体化しうるものを指示している。社会構成文化は、人々の（個人的であれ集合的であれ）アイデンティティと深く関わるものであり、それがなければ個人の自由も成り立たない。そのためキムリッカは、社会構成文化を有する民族的マイノリティと、それをもたないエスニック集団に区別を設け、認められるべき権利に格差をつける。[4]

こうした多文化主義の理解に対しては批判が予想される。第一に、ジェンダー、セクシュアリティ、階級、障碍などにもとづく多種多様な集団形成をふまえて、多文化主義はもっとさまざまな文化の多様性を含めて議論するべきだという批判である。いわゆる民族問題だけに議論を限定するべきではないとする批判に関して、キムリッカは次のように答える。

他の定義が多文化主義的なるものの範囲に含めている、生活様式にもとづいた小集団、社会運動、自発的アソシエーションなどを、私はそこに含めていない。それは、これらの集団や運動の提起している諸問題を私が重要でないと考えているからではない。それどころか、エスニシティの差異や民族の差異の包摂が、より寛容でより包摂的な民主主義を作りあげようとするさらに大きな努力の一部に過ぎないことは当然だと思う。(Kymlicka 1995: 19)

キムリッカは、彼の立論が他の抑圧された社会集団の主張と両立するべきだと認めている。したがって、彼の多文化的状況についての類型論は、各国さまざまな多文化主義の現状を把握するための〈ものさし〉となるべく立てられたものだと言えよう。まず目指されているのは、個々の状況を理解し、説明し、状況改善のための有効な手だてを導き出すための適用可能性の高い概念の道具立てである。

第二に、世界中で起こっている民族問題を考えるなら、さまざまな文化的マイノリティが被っている差別や抑圧は、それぞれに別個の事情があり、そうした個別性を考慮しない議論をしても仕方がないという批判もあろう。だが、キムリッカはすべての文化的マイノリティを二種類に分類しようとしているわけではない。民族的マイノリティとエスニック集団という区別はあくまで理念型であって、民族的マイノリティとしてもエスニック集団としても扱えない特殊なケースが存在することはむしろ織り込み済みである。(5) ある文化的マイノリティが民族的マイノリティともエスニック集団とも分類しがたいという事実は、その区別にもとづいてその問題を考えることができないということを意味するわけではない。むしろそれを特殊な問題として浮かび上がらせること自体に、このような区別を立てる意義がある。そもそも個別性は一般性とのズレによってしか理解できない。そして、このズレを具体的な状況の中でどう理解し、政治的に処理するべきかを考察することは十分に可能である。社会的な事象の個別性を過度に強調すれば一般性は見失われてしまい、民族問題への体系的アプローチを放棄するしかない。逆に、あらゆる民族問題を画一化された普遍性においてとらえるなら、特殊な事情はすべて捨象され、有効な解決策は望めないだろう。だとすれば、キムリッカの理論戦略は、不当なものでも適用可能性の低いものでもなかろう。

　第三に、（ある意味で第一のタイプと第二のタイプの批判を総括したバージョンだが）S・ベンハビブによると、キムリッカの「社会構成文化」という概念は「文化主義的本質主義（culturalist essentialism）」（Benhabib 2002: 61）に陥っている。「『人間の活動のすべての範囲にわたって』拡がるような単一の文化、つまり信念、意味作用、象徴作用、実践の一つの首尾一貫した体系などは決して存在しない」（Benhabib 2002: 60）。「文化は同質的な全体などではない」（Benhabib 2002: 61）。彼女の指摘はもっともだが、キムリッカの論点は多文化的状況がどのようなものかではなく、多文化主義の政治がどうあるべきかにある。キムリッカは、文化を根拠として集団的に行使される権利が認められるとすれば、それはどのような文化をもつ集団であるかを規定しようとしているのであって、どの文化が本質的に同質的な全体であるかを判定しようとしているのではない。この場合のポイントは、どのような集団に対して文化的権利を認めれば正義に適うかである。多文化主義は、どこかで文化的権利を認める集団と認めない集団とを線引きせざるを得ない。キムリッカの理論がどうあれ、キムリッカが「社会構成文化」と呼んでいるものを根拠に権利要求を行なっている集団は、現に存在する。ベンハビブは、社会構成文化などないと主張するよりも、多文化主義的要求、特に自治権を求める集団の要求を表現するには社会構成文化という概念は有用ではないと論じるべきであった。ただし、ベンハビブの批判それ自体が的はずれだということでもなかろう。むしろ、それは多文化主義の限界を確かに言い当てている。この限界については後に論じたい。

集団別権利という用語法について

多文化主義をめぐる議論が混乱した原因として、もう一つ、集団的権利という概念がある。キムリッカによれば、民族集団やエスニック集団が行なう可能性のある権利要求には、「内的制約（internal restrictions）」と「外的防御（external protections）」がある。どちらもコミュニティの安定を保とうとする意図をもつものと理解できるが、「前者は内部の異論（たとえば伝統的実践や慣習に従わないという個々の成員の決断）による不安定をもたらすインパクトから集団を保護することを意図しており、後者は外部の決定（たとえば主流社会の経済的・政治的決定）による衝撃から集団を保護することを意図している」（Kymlicka 1995: 35）。リベラルな平等主義を標榜するキムリッカは、集団間の衡平の実現を促進するようなある種の外的防御は是認しうるし、是認するべきであるが、集団の伝統的権威や慣習を疑問視したり修正したりする成員の権利を制限する内的制約は拒否すべきであり、そのことによって各人を平等に処遇することができると考える。

たとえば、あるマイノリティがその文化や言語を学習し、継承・維持するための学校を設立する場合を想定してみよう。日本におけるアイヌ文化の例を考えても容易にわかるように、何かの努力をしないかぎり、そのマイノリティの文化はマジョリティの文化との勢力関係のなかで少しずつ衰退ないし消失していくことが予想される。生に意味を与える社会構成文化の重要性を考えるならば、そうしたマイノリティの文化の衰退・消失を防ぎ、その維持を求める活動は、外的防御として正当化される。けれども、たとえばアイヌ民族の後裔はアイヌ語を第一言語として日常生活で使用しなければならない、そのために、日本語で教育する学校に行くことを許さず、アイヌ語の学校に通わなければならないと主張するなら、それは内的制約となり、正当化されない。キムリッカの立論では、個人の自由な生の構想を尊重するリベラリズムの枠内では、アイヌ民族にはアイヌの文化と言語を継承・維持する権利が与えられるが、その民族の成員にアイヌ語の継承を義務づけて強制することはできない。そのような強制は個人の自律を侵害するからである。

さて、キムリッカは「集団的権利（collective rights）」という用語は、集団の文化的差異を根拠とするシティズンシップを指す言葉としては不適切だと言う。その理由は主に三つある。第一に、「集団的権利」という言い方はあまりに広い範囲の内容を含意しうるので、実際にどんな事柄が集団の利として認定されるのかが明確ではない。第二に、その用語法では内的制約と外的防御が区別されていない。そのために、内的制約による個人の自律の侵害の可能性を指摘し、外的防御までもが不当であるかのように論じる反論も出てきてしまう。第三に、集団的権利という用語法は個人的権利との二分法――キムリッカはそれを誤った二分法であるとしている――を示唆しており、その結果、集団的権利の主体が集団なのか個人なのかという問題が取り沙汰されることになる。

この第三の理由について現実的に言うと、集団の権利は個人に与えられるものもあれば、集団に与えられるものもある。一口に集団と言っても、民族であったり、州や準州であったり、部族であったりする。そもそも集団の権利は文化的帰属にもとづいて認められる権利のことであり、それが与えられる主体が個人なのか集団なのかどちらでしかないというものではない。たとえば、マイノリティの言語権は集団に対して与えられているものと解釈するのが正しいだろう。フランス語系住民が多いケベック州でケベック人が自文化を維持し育んでいく権利はカナダの現行の連邦制度においてて承認されており、ケベック州によって行使されているが、ケベック州にも多くの非フランス系住民は存在する。一方、先住民族の特別狩猟・漁業権は先住民族に属していることを前提として個人に与えられるが、部族単位で管理されることも多いだろう。こうした違いにとらわれることから生じる混乱を避けるため、キムリッカは「集団的権利」ではなく「集団別権利（group-differentiated rights）」という語を用いる。

集団別権利のなかには実際には個人によって行使されるものもあるが、とにかく、それらの権利が個人によって行使されるか集団によって行使されるかといった問題は、本質的な問題ではない。重要な論点は、なぜある種の権利が特定の集団のみに与えられるのか——すなわち、なぜ特定の集団の成員だけが、他の集団の成員のもっていない、土地や言語や特別代表等に関する権利をもち得るのか——ということである。(Kymlicka 1995: 46)

集団的権利という用語によって、権利の主体は個人なのか集団なのかという問題に加えて、個人の権利とコミュニティのメンバーとしての義務が衝突した場合に個人とコミュニティのどちらが優先するべきかといった問題がもちあがり、個人主義と集団主義との不毛な対立に陥ってしまう。しかし、それは集団的権利という表現が生み出す疑似問題にすぎない。本当に問題なのは、権利を行使する主体が誰(何)であるかではなく、特定の集団への帰属を理由に権利が付与されるという事実である。文化的マイノリティについては内的制約を課さないかぎりで外的防御は許容される。権利行使の主体ではなく、集団の権利が内向きに行使されるか外向きに行使されるかという方向性が問題なのである。

では、なぜ特定の集団に集団別権利が与えられるべきなのか。キムリッカによれば、それは社会構成文化が人々の自由にとって重要であり、リベラリストは社会構成文化の存続可能性に関心をもつべきだからである。リベラリズムの前提は、個々人に一定の基本的諸自由を割り当て、自分の生き方について幅広い選択の自由を人々に与えていることである。それは各人の善の構想が異なることにもとづいている。こうしたリベラリズムの理解から、キムリッカは社会構成文化の重要性を引き出す。自由とはさまざまな選択肢からの選択のことであるが、社会構成文化こそがこうした選択肢を提供し、さまざまな語彙や実践や制度や伝統がそれらの選択肢を有意味なものとしている。何が素晴らしい人生であるかは、ある人生を素晴らしいと意味づける文化の存在に支えられてこそ理解可能なのである。

> 個人の有意味な選択を可能にするために諸個人に必要なのは、単に情報へのアクセスとか、その情報について反省的に評価を下す能力とか、表現の自由や結社の自由とかだけではない。諸個人は社会構成文化へのアクセスをも必要としているのである。したがって、このアクセスを確保し強化する集団別の措置には、リベラルな正義の理論において果たすべき正当な役割がある。（Kymlicka 1995: 83-84）

ここにキムリッカが集団別権利を多文化的シティズンシップとして構想する意義がある。キムリッカの理解では、マーシャルが提示した三つのシティズンシップの権利だけではリベラリズムは十全ではない。マーシャルにおいては、国民の同一性・一体性が強調されており、国民文化を共有することに必ずしも同意しない人々が存在することは想定されていない。だが、普遍主義的なシティズンシップの構想により、文化的マイノリティの社会構成文化へのアクセスが困難になる、あるいはその維持をあきらめざるを得なくなる事態が現に起こっている。それゆえ、自分の善き生の構想がマイノリティ集団の社会構成文化と強く結びついているがために、文化的マイノリティが善き生の構想を実現できなくなる事態が帰結する可能性は十分にある。シティズンシップ論はこうした事態への対応を迫られている。

シティズンシップとしての集団別権利について

キムリッカが集団別権利として認めるものには大きくわけて三種類ある。それらは特別集団代表権（special group representation rights）、自治権（self-government rights）、エスニック文化権（polyethnic rights）である。

(1) 主流社会の政治的諸制度内での特別集団代表権は、国全体でなされる決定において民族的マイノリティやエスニック・マイノリティが無視される可能性を減少させる。

(2) 自治権はより小さな政治単位に権力を委譲して、教育、移民、資源開発、言語、家族法といった諸問題のような民族的マイノリティの文化にとって特に重要な決定において、民族的マイノリティが多数派に票数で敗れたり競り負けたりすることが決してないようにする。

(3) エスニック文化権は、市場では十分に維持できないかもしれない特殊な宗教的・文化的実践の保護（たとえば移民の言語学習課程や芸術家集団への資金提供）や、既存の法律によって（しばしば意図せざる結果として）不利益をこうむる宗教的・文化的慣習の保護（たとえば宗教的信念と葛藤を引き起こす日曜休業法や服装規定の免除）である。（Kymlicka 1995: 37-38）

キムリッカの考えでは、一般的に、これらの権利は民族的マイノリティにはより大きな範囲で、エスニック集団には相対的に小さな範囲でしか認められない。とりわけ自治権は民族的マイノリティにしか認められない。エスニック集団が民族的マイノリティほど権利を認められないのは、エスニック集団が自らの意志によって自国の文化を放棄する選択をしたと見なしうるからである。他国への自発的移住によって形成されるエスニック集団は、ホスト国への統合が何よりも重要な目標になると考えられる。

それにしても、こうした集団別権利はなぜ人権（human rights）ではなくシティズンシップなのか。キムリッカの文脈を離れて言えば、現在、人間には幸福を追求する権利があるという点については広く合意されている。この幸福追求権という個人権は、社会や国家以前に個人が有する人権である。けれども、社会のなかで暮らすことが人間の生の基本的条件である以上、幸福追求権は特定の社会や国家において実現されなければならない。したがって、（基本的）人権が社会や国家以前の権利として個人に認められるだけでは十分ではない。人権はシティズンシップとして社会や国家における権利として（通常は特定の義務とセットにして）認められなくてはならない。この場合、シティズンシップの権利とは、個人が社会や国家に参与することを可能にする包摂志向的なものである。マーシャルの三つの権利も、市民的権利は市民社会への包摂を、政治的権利は政治権力へのアクセスと民主主義への包摂を、社会的権利は教育と福祉制度への包摂をそれぞれ含意していた。集団別権利は、文化的差異が社会的排除の理由とされることを阻み、文化的マイノリティの成員を全体社会や国家へと参与させ、各人の幸福追求権を実現するための包摂志向的な権利であり、その意味で人権にもとづくシティズンシップである。

3 多文化的社会の現状にてらして

キムリッカの多文化的シティズンシップ論にも多くの批判が寄せられてきた。なかでも、C・ヨプケ（Joppke 2003）はキムリッカの議論をある程度評価しつつも、その現実的な弱みを的確に指摘している。彼の議論は、キムリッカ理論の問題点を明かにしているだけでなく、その後キムリッカが理論を展開してきた方向性を知るのに役立つであろう。そこで、以下ではヨプケの批判の論点を確認してみよう。

多文化主義とナショナリズム

キムリッカの貢献は、マイノリティの権利をリベラリズムの枠組みのなかに組み入れたことであった。キムリッカ以後、普遍的なシティズンシップのリベラルな擁護者と多文化主義や集団的権利のラディカルな提案者との間の対立はその基盤を失ったと言える。多文化主義者たちは、リベラルな諸原理を否定するわけではなく、むしろリベラルな諸原理を尊重することよって得られる自由や諸権利を享受しようとする。ただし、キムリッカにおいては、(さしあたって) 民族的マイノリティとエスニック集団 (つまり移民集団) しか考慮の対象になっていない。ヨプケによれば、二つのマイノリティは「突き詰めていくと、まさに多文化的シティズンシップという考えそれ自体に不利になるようなやりかたで」区別されている (Joppke 2003: 248)。キムリッカの構想では、エスニック集団よりも民族的マイノリティにより広範な集団別権利が認められるべきであった。これは、ケベックの民族運動に代表されるような民族的マイノリティの要求が何であるのかをとらえ損なっている。そうした民族運動は、まさしく民族による国民国家形成を目指しており、ナショナリズムと同質の要求によって動いている。ヨプケは、キムリッカが「民族的マイノリティのもつ非対称的で単一文化的な要求を、多文化的シティズンシップの対称的で多元主義的な考えへと歪めてしまった」(Joppke 2003: 248) と述べ、多文化的シティズンシップの構想はむしろ移民集団にこそよりよく当てはまると考えている。

キムリッカの構想では、移民は自国を出るときに自分自身の社会構成文化を放棄すると (理論的には) 想定されており、エスニック文化権と言いながらも移民先のマジョリティ文化への統合に主眼がおかれることになる。実際、移民たちは社会構成文化を維持するには人数も少なく、居住地も分散しすぎていることが多い。したがって、ヨプケもキムリッカのエスニック文化権についての考えは（たとえばI・M・ヤングと比べれば）「健全に現実主義的」（Joppke 2003: 249）だと評価している。けれども、論理的に突き詰めるとこの現実主義は破綻する。移民たちが自分たちの社会構成文化を放棄すると想定するならば、そもそも移民たちに特別の「権利」を与える理由もなくなってしまう。結局、一方で民族的マイノリティの権利はナショナリズムと同根であり、他方でエスニック集団の権利はその根拠が消滅してしまうのであれば、民族的マイノリティとエスニック集団で異なった集団別権利を割り当てるというキムリッカの「多文化的」シティズンシップの構想は論理的に破綻してしまう。キムリッカの構想の弱点は、「シティズンシップの外的な、国家の成員資格の次元を不変のパラメーターとして無視して、内的な権利の次元にのみ焦点を当てている」（Joppke 2003: 255）ことである。実際に欧米のリベラルな諸国家では、市民権法や移民統合政策において（つまりシティズンシップを獲得する時点で）主流文化への移民の同化を問題にしなくなってきている。[6] こうした現実の動きをキムリッカはあまり考慮しておらず、国内のマイノリティの権利ばかりを考察していると、ヨプケは批判する。

結局、ヨプケの批判は分析的に二点に分けて考えることができるだろう。第一に、民族的マイノリティとエスニック集団を区別し、それぞれの地位認定に応じて集団別権利を割り当てるというキムリッカの構想は、突き詰めれば論理的に破綻するという点。第二に、キムリッカは国家の成員資格の取得というシティズンシップの外的次元を考慮していないという点。まずは第一の批判点について検討したい。

キムリッカは近年のいくつかの文献で、文化的マイノリティの権利に関する議論が三段階に発展してきたと論じている（Kymlicka 1999, 2001, 2002; Kymlicka and Norman 2000）。第一段階は一九八〇年代を中心として七〇年代からベルリンの壁が崩れるくらいまでで、文化的マイノリティの権利は主としてコミュニタリアニズムの立場から主張され、リベラリズム対コミュニタリアニズム、個人主義対集団主義という必ずしも生産的ではない論争が展開された。こうした論争が不毛であったのは、リベラリズムとコミュニタリアニズムの対立が止揚されないからというよりも、そもそも文化的マイノリティは、典型的には、独自の文化をもつコミュニティとして自分たちだけの社会を築きたいというコミュニタリアン的権利要求をしているのではなく、リベラルな近代民主主義社会への参入を求めていることがわかってきたからである。

一九九〇年代に入り、議論は第二段階を迎える。この段階では、すでにリベラリズム対コミュニタリアニズムという対立は乗り越えられる。ただし、リベラルな民主主義に基本的に同意していても、多民族国家でその原理をどのように解釈するか、とりわけ言語やナショナリティ、エスニック・アイデンティティの適切な役割をどう理解するかについては、見解の相違があった。争点は、リベラリズムの基本原理を共有するマイノリティがそれでもなおマイノリティとしての権利を必要とするかどうか、リベラリズムが保障する普遍的な個人権ではなぜいけないのか、ということであった。ようするに、リベラリズムの枠内でどのくらい多文化主義が可能かという問題である。こうした議論にキムリッカが果たした役割は（C・テイラーとならんで）おそらく決定的だったろう。内的制約と外的防御を区別するというキムリッカの理論構制は、マイノリティへの権利付与が集団内の個人の自由を保障し、かつ、集団間の平等な関係（非支配的関係）を促進するときにかぎり、文化的マイノリティの権利はリベラリズムの原理と両立するという結論を導いた。こうした条件に適うマイノリティの権利は、リベラルな価値を脅かすものではなく、むしろそれを補完するものだと主張されるようになる。

そして現在、多文化主義をめぐる議論は第三段階に至っている。この段階での論争は国家の中立性を焦点としており、「国民形成（nation-building）」が立論に関連している。以前はリベラリズムにおける多文化主義の擁護者も批判者も、リベラルな国家は民族文化的多様性に対して「見て見ぬふりをすること（benign neglect）」という原則を固守しなければならないと誤って想定してきた（Kymlicka 2002: 343-347）。「見て見ぬふりをすること」は国家の宗教に対する態度をモデルとしており、国家は厳密な政教分離にもとづくべきで、特定の宗教を優遇するいかなる政策も禁止しなければならないという理念を示している。しかし、民族文化（社会構成文化）に関するかぎり、リベラルな国家においては、中立性を何らかの本質的な価値から正当化せず、また他の中立的理由が提示されるならば、国家が特定の言語や文化制度を促進することも許容される。たとえば、アメリカでは、主流社会への移民の統合を図るという中立的な理由を立てて、英語による教育が行なわれている。こうしたリベラルの方針と比較すれば、「見て見ぬふりをすること」はいっそう徹底した中立性を要求している。

第二段階では、多文化主義の擁護者には「見て見ぬふりをすること」という規範に従わない説得力のある理由を示す立証責任があるものと考えられた。それゆえ、文化的マイノリティの権利を擁護しようとするリベラリストは、それが個人の自由や平等を補完し、また、民族文化的中立性に固執する国家では充足できないニーズを満たすことを示そうとした。現代のリベラルな民主主義国のほとんどが多文化社会となっているが、文化的多様性の一方で、国家は共通の国語と国民文化の発展を目標としている。キムリッカはこれを、民主主義的国家内での連帯や政治的正当性を確保するための「リベラル・ナショナリズム的」戦略の一部であるとしている（Kymlicka 2002: 346）。こうした戦略は「国民形成」の過程、つまり「共通言語と、その言語で運営される社会制度に対する共通の成員意識の育成、およびそうした制度への平等なアクセスを促進する過程」（Kymlicka 2002: 347）と結びついている。そして、単一の国において二つ以上の社会構成文化の維持を奨励する政策が可能であり、それを支持するのが多文化主義である。

> もはや問題は、見て見ぬふりをすることという規範からの逸脱をどのように正当化するかではない。むしろ、国民形成というマジョリティ集団の努力はマイノリティにとって不正を生み出さないか、そしてもし不正を生み出すなら、マイノリティの権利はこれらの不正に対抗するのに役立つか〔が問題なのである〕。（Kymlicka 2002: 347）

今や立証責任はマジョリティの側に移り、マジョリティ集団は自分たちの国民形成の努力がマイノリティに対する不正とならないことを示さなくてはならなくなっている。

キムリッカは（マジョリティ集団にせよマイノリティにせよ）国民形成のプログラム自体を否定するわけではなく、それに一定の条件や制約を課そうとしている。リベラルな民主主義国でマジョリティの国民形成が正当なのは、そのプログラムが、①民族の構成員から恒久的に排除される長期居住者集団が存在しないこと、②公的制度が民族文化的マイノリティのアイデンティティと実践を受容するように改変されること、③民族的マイノリティが独自の国民形成に携わることが認められること、という三つの条件に従う場合である。一般的な傾向としては、西洋諸国は国民形成政策を継続して採用しているが、これらの政策は文化的マイノリティの多文化主義的要求を受け入れるという制約を受けるようになっている。一方で、国家による国民形成がマイノリティの権利を正当化する論拠を提供し、他方で、マイノリティの権利を保障することによって国家は国民形成を正当化することができる（Kymlicka 2002）。この循環構造が、多文化主義国家を現実的にも、規範的にも下支えすることになる。

ヨプケの批判の第一点目は、『多文化的シティズンシップ』の議論に対しては妥当するかもしれないが、その後のキムリッカの理論展開をフォローしていない[7]。多文化主義をめぐる議論において立証責任の所在が変わったことは、とりもなおさず西洋民主主義諸国において多文化主義的政策がおおむね認められつつあることを意味している。またキムリッカは、民族的マイノリティの権利要求がナショナリズムに通じることも理解しており、それを「リベラル・ナショナリズム的」戦略と名づけ、その戦略がどういう条件のもとでなら正義に適うのかを論じていた（Kymlicka 2001）。彼はナショナリズムを否定するのではなく、それを認めたうえで飼い馴らそうとしている。『多文化的シティズンシップ』において集団別権利の承認がリベラリズムと矛盾しないことを示したキムリッカは、近年ではさらにナショナリズムも必ずしもリベラリズムと矛盾しないと論じている。

D・ミラーもナショナリズムとリベラリズムの関連性について論じている。彼は、ナショナリズムという概念がもつ反リベラリズム的ニュアンスを避けるためにナショナリティ（あるいはナショナル・アイデンティティ）という概念を用いるが、ナショナリティの要求はリベラリズムに矛盾しないばかりか、むしろリベラリズムが成り立つための条件だと考えている。ミラーによれば、たとえナショナリティが〈想像されたもの〉にすぎないとしても、人々が他者に対する道徳的義務を遂行しなければならないと考えるようになるためには、ナショナリティにもとづく同胞意識が不可欠である。そして、ナショナリティは固定的で不変のものではなく、公共圏において開かれた議論が行なわれるかぎりで、異議を申し立てるマイノリティの見解を含み入れながら、徐々に変容しつつ、歴史的に醸成されていく（Miller 1995）。この意味で、ナショナリティはつねに開かれたものであり、またそうでなければならない。

こうした点からすると、キムリッカが国民国家をナショナリズムの競り合いの場だと考えるコンフリクト・モデルをとるのに対し、ミラーは対立を乗り越え、開かれたナショナリティが生み出されていく包摂モデルに立脚していると言えよう。キムリッカはリベラリズムの原理だけでナショナル・コンフリクトやエスニック・コンフリクトを調停しようとするが、ミラーはリベラリズムを下支えするナショナル・アイデンティティの必要性を説く。だが、両者の対立は原理的なものであるにもかかわらず、選ばれる政策のオプション自体はそれほど大きな隔たりをもつわけではない。ただし、ミラーは多文化主義に対しては警戒の姿勢を崩さない。ミラーは多文化主義をいわゆる「差異の政治」や「アイデンティティの政治」、さらには「承認の政治」と同一視し、ヤングとキムリッカに区別を認めず、多文化主義を一括りにしてナショナリティを掘り崩すものだと批判する（Miller 1995）。この点はミラーの誤解だと言わざるをえないが、この種の誤解は多文化主義への批判者にときどき見られるものである。

多文化主義とトランスナショナリティ

さて、キムリッカは国家の成員資格の取得というシティズンシップの外的次元を考慮していないというヨプケの第二の批判点についてはどうだろうか。キムリッカが典型的にイメージしている多文化社会は、カナダでありアメリカであろう。それに対し、たとえばヨーロッパ連合（ＥＵ）が成立したヨーロッパでは、すでに国境と国籍がもつ意味は薄れてきており、国家の成員資格の取得については、ＥＵ領域内の出身者と領域外の出身者とで扱いが異なってきている。新しく加盟した中欧・東欧諸国からの労働者の流入を制限する移行措置などがあるとしても、少なくともＥＵ市民権をもつ者のEU内移動にかぎっては、長い目で見れば国籍は問題とならなくなるだろう。

民族的マイノリティが定着的生活を送るのは当然としても、移民として流入してきたエスニック集団は事情が異なっている。現代の移住者たちにとって、移住することは移住先に一生涯定住することを必ずしも意味しない。場合によっては、国籍や定住権の取得でさえ一生そこで暮らすこととはつながっていない。自分が旅立った国との自由な行き来を確保するために移住先の国で永住権や国籍を取得するというケースも多い（田嶋 2003, 2010）。移住と帰国＝再移住は不分明であり、決して後戻り不可能な過程ではない。彼・彼女らは送り出し国と受け入れ国（それらは複数でありうる）の双方に、家族的、経済的、社会的、組織的、宗教的、政治的な、人間関係の複層的ネットワークを発展させ、維持しながら、トランスナショナルな社会空間のなかで生活している。キムリッカの多文化的シティズンシップ論では、こうした新しいタイプの移民の存在をうまく扱えない。

集団別権利の配分の基盤として多種多様な社会集団（social groups）を想定したヤングのような立論では、結果として「どの集団にどの権利を」という点で混乱を招いてしまう。それに対し、キムリッカの立論は、社会構成文化という概念をもとに、民族的マイノリティを中心とした問題に議論のターゲットを絞り込むによって、先住民族の集団別権利の擁護に関してはスマートな切れ味を示している。だが、そのスマートさは弱点をも併せもっている。

関根政美の言うように多文化主義が「国内の異文化・異言語集団の要求を入れて、国家の分裂を防ぎつつ国民国家の生き残りを目指した政策」（関根 2000: 41-2、強調は引用者による）なのであれば、多文化主義は国民の無際限な差異化を容認できない。そのため、国民国家はどの文化集団の権利が保護に値するのかを決定しなくてはならない。その意味では、キムリッカは現実的な賢明さを保っている。だが、キムリッカは、合法にせよ非合法にせよ入国してきた移住者は受け入れ国に定着するものと想定しているようで、ホスト社会に移住者たちを統合しつつ、彼・彼女らの文化的自律の要求を満たす施策を探求している。彼の多文化的シティズンシップの構想はあくまで国民国家の枠内に限定されている。

だが、この限界はキムリッカ理論のみの限界ではなく、多文化的シティズンシップの構想一般がもつ限界である。多文化的シティズンシップの構想は、文化的マイノリティがどうすれば国民国家なり全体社会に統合されるかを問題にするもので、もともとトランスナショナルな社会空間に対応するシティズンシップの構想ではない。だからといって、現代の移住者たちを考慮から外してよいことにはならない。現代の移住者たちを一時的に居留している外国人労働者や留学生と考えるかぎりでは、二国間・多国間協定などのレジームによって、彼・彼女らの権利のいくらかをカバーできるだろう。それは国民国家内の権利保障に重点を置く多文化的シティズンシップでは及ばない領域である。しかしながら、そうした部分に関しては、NGOやNPOのような市民団体、一般企業といった民間の活動も含めたさまざまなシティズンシップの構想を重ね合わせ、あるいは組み合わせることによってカバーすればよい。多文化的シティズンシップ論に限界があるからといって、それを放棄する理由はない。それゆえ、今後の多文化的シティズンシップ論の課題は、トランスナショナルな社会空間を生きる移住者たちの権利と義務をカバーするべく、多文化的シティズンシップ以外の領域・レベルのシティズンシップの構想と議論を接合させ、問題点や限界を指摘し合いながら、人々の権利の保障のための多元的なシティズンシップの構想を目指すことであろう。

たとえばカースルズとミラーは、シティズンシップの「多文化的モデル」と「トランスナショナル・モデル」を区別している。前者では、憲法、法律、シティズンシップによって国民《ネーション》を規定し、移民も国法に従うかぎりで成員として受け入れ、なおかつ文化的相違やエスニック・コミュニティの形成を認められる。しかし、このモデルは一つの国のみに帰属する市民を前提にしていて、移民は移民過程において送り出し国から受け入れ国へと忠誠心の対象も移動させ、最終的に受け入れ国のシティズンシップの獲得や帰化するものとみなされる[8]。この前提がすでに現代の移民集団には当てはまらないとすれば、トランスナショナルな社会空間を生きる人々に応じたシティズンシップのモデルが必要となる。そこで、「トランスナショナルな諸々のコミュニティの社会的・文化的アイデンティティはナショナルな境界を越え、所属の複数的で差異化されたかたちを生じさせる」と考えるトランスナショナル・モデルが要請されることとなる（Castles & Miller 2009: 45）。

もちろん、カースルズとミラーが提示した「トランスナショナル・モデル」は、今なおその全容が明らかになっているわけではないし、既存の政治システムとうまく合致しない――合致しないからこそ「要請」されているわけだが――ところがある。したがって、シティズンシップという概念だけでカバーできない権利の問題が生じることも十分に予測される。だからこそ、シティズンシップ概念は普遍的な人権の概念によって下支えされる必要がある。

4　リベラリズムの限界を見すえて

ヨプケの批判が、キムリッカの議論と社会の現実とのギャップを指摘するものであるのに対して、キムリッカの理論構制の前提自体がもつ問題点に切り込む批判者もいる。B・パレク（Parekh 2006）は、キムリッカの多文化的シティズンシップ論がリベラリズムゆえの困難を克服できていないと批判する。

原理的問題

キムリッカは、さまざまな文化集団の多文化主義的な要求を査定して集団間の関係を調整するのに役立つ一般的原理を追究する。パレクはそうした原理の一貫性を問う。キムリッカの多文化主義論は、基本的に以下の三つの命題から成り立つ。第一に、人間は良き生を生きることに重大な関心をもつ。第二に、良き生は内面性が求めるままに（from within）生きられなければならない（つまり、良き生は強制されてはならない）。そして第三に、良き生の目的や筋書き《プロジェクト》は修正可能でなければならない。これらの原理の哲学的地位が曖昧であるとパレクは指摘する。キムリッカは、三命題がリベラルの基本的信念であると述べることもあれば、それらが人間生活の一般的真理であり、それらにもとづくリベラリズムは他の政治学説よりも理に適っていると論じることもある。三命題がリベラルの信念にすぎないなら、社会のリベラルでない成員がそれらに従う理由はなくなる。なおそれでも彼・彼女らに従うように要求できるとすれば、それがマジョリティの支持する原理であるからにすぎないだろう。また、三命題が人間生活の一般的原理であるなら、そのことを擁護するキムリッカの議論が説得力をもつかぎりで、リベラルでない成員にリベラルの諸価値の尊重を求めることができよう。だが、パレクはキムリッカの議論に説得力が欠けていると分析する（Parekh 2006: 105）。

まず第一命題について考えると、キムリッカは良き生について「たんに自分の生きたいように生きる」以上のことを想定している。だとすれば、キムリッカの議論は良き生についてある規範的な主張をすでに含んでいる。「良き生を生きることに重大な関心をもつ」と言うなら、それ以前に良き生の内容が規定されている必要がある[9]。また第二命題は、自己の内部と外部の区別を前提としており、道徳的行為者についての個人主義的理解に立脚している。このような自己についての空間的隠喩は（自己の内面の信仰を重視した）プロテスタンティズムに特徴的なものであり、キムリッカの議論はそうした文化的前提に依拠してしまっている[10]。さらに、第三命題についても、われわれは過ちを犯す存在であるし、われわれの自己理解は変化するものであるという意味では、キムリッカの主張は正しい。しかしながら、まさにわれわれは過ちを犯す存在であるがゆえに、ある種の（好ましからざる）生活様式や価値観、人間関係などに固執してしまうこともありうる。そうしたコミットメントは将来には変化するかもしれないが、だからといって、いつでもわれわれはそれを変わりうるものとして受け容れているわけではない。さまざまな信念を十把一絡げにして「信念は修正可能でなくてはならない」と主張するのは、信念と生の関係の複雑さを捉えそこなっている。

よって、キムリッカがリベラルの基本的な諸原則と考える三命題に対し、リベラルでない人々は、それらに従って生きるように求められた場合、道徳的に非寛容であると反論することが正当化される。リベラルでない人々が打算的な理由からリベラルの諸原則を受け容れたとしても、彼・彼女らは、それは抑圧によるものと主張することができるであろう。また、キムリッカの議論のさらなる弱点は、リベラルの政治的諸制度と諸実践をともに三命題によって根拠づけ、それらを固く結びつけすぎたところにある。ロールズは両者に線引きをして、リベラリズムの適用を政治領域に限定しようとしたが、キムリッカは両者の区別をしないため、リベラルでない人々にリベラルの諸原則と諸実践を尊重するように説得できないのである（Parekh 2006: 107）。

パレクの議論にしたがえば、人間の文化への関わり方はさまざまである。あくまでその文化的伝統に依拠しながら変化と修正を受け容れていく伝統的文化集団も多い。こうした多様性にキムリッカは目を向けず、普遍的モデルとしてリベラルな見解を構築してしまう。その結果が、リベラルの諸原則を受け容れるかぎりで文化集団として尊重されるとする態度である。キムリッカは文化の価値について一貫した説明を与えるが、文化の多様性は道具的に要請するだけである。また、彼は民族的マイノリティとエスニック集団を区別し、付与される権利に格差を設けようとするが、その際に考慮される基準は一貫性を欠いている。たとえば、領域的集住、独立して存続した歴史、諸制度の完備、過去のコミットメント、同意、移住国での貧困の程度、それに対する受け入れ国の責任の程度などである。これらは大いに議論の余地があり、なかには対立するものも含まれている。キムリッカは議論の精度が高まればそれは解決できる問題だと考えているようだが、パレクは異質で相互に還元できない要求を扱うことができる正義論はないと否定的である（Parekh 2006: 109）。

実際、これらの基準の多くがまったく正義の問題ではないのではないだろうか。征服や植民地化でもないかぎり、たとえば国境などは一般に正義の問題ではなく、したがって移住者、あるいは難民や政治亡命希望者でさえ要求するものではない。彼・彼女らは人道や寛大さの原理によって扱われるのが最良なのである。（Parekh 2006: 109）

パレクは文化的多様性に関する近年のリベラリズム――ロールズ、ラズ、キムリッカが代表的論者である――の応答について、以下のようにコメントする。まず、文化が人間形成に及ぼす影響を重視する点で、近年のリベラリズムは評価できる。けれども、文化によって個人は自律性のための能力を獲得でき、今度は自律性によって文化を超えることができるとする点は、近年のリベラリズムの誤解である。人間は文化によってすべて決定されるわけではないが、文化の制約を免れて自律性が成り立つわけでもない。文化越境的《トランスカルチュラル》な能力としての自律性を想定することはできない。第二に、近年のリベラルは程度の差こそあれ、リベラリズムを準拠枠として絶対視するために、あらゆる生活様式をリベラルかリベラルでないかに分類し、後者を反リベラルだとみなす。リベラリズムがオルターナティブな生活様式を正当に評価しようとするなら、こうした二分法的思考から脱し、リベラルな生活様式を準拠枠とすることをやめなくてはならない。そして第三に、リベラルでない人々に対するリベラリズムの対応戦略は、純血のリベラリズムによってリベラルでない人々を批判するか、リベラルの要求をミニマムにまで引き下げて彼・彼女らを寛容するか、大きく分ければこのいずれかである。もちろん傲慢な純血リベラリズムよりは寛容が望ましい。けれども寛容戦略の場合でも、道徳的思考のさらなる抽象化が必要となる。すなわち、リベラルは普遍的な道徳的ミニマムとリベラルな道徳的ミニマムとを区別しなくてはならない。そして、前者はすべての状況で主張できるが、後者は普遍的ミニマムに抵触せず、しかもそれがリベラルな社会が歴史的に受け継いできた文化にとって中心的だと示せる状況でのみ主張するのが妥当であろう。

リベラルは時として近代の西側社会がリベラルな社会であるがゆえに、その成員に対してリベラルの基本的価値観にしたがって生きることを要求できると論じる。しかし、近代の西側社会はつねにリベラルでない人々を内包しており、その社会制度も、宗教や家族、学校などを考えればわかるとおり、すべてがリベラルなわけではない。

現代の西欧社会をリベラルと呼ぶことは、その社会を同質的にとらえ、過度に単純化してしまうばかりでなく、リベラルたちにその社会の道徳的および文化的な独占権を与え、残りの人々を正当性のない迷惑な闖入者にしてしまう。……以前の著述家たちは現代の西洋社会を、リベラルではなくむしろ、開かれた（open）、自由な（free）、公開の（public）、市民的な（civil）、あるいは人間味のある（humane）などと表現した。これらの用語のほうがイデオロギー的な偏狭や偏向が少なく、社会的に包摂的である。しかし、それらも困難を免れるわけではないが、そのことは、社会全体を一つの表現にまとめてしまうことの危険性と無益さを示しているだけのことである。（Parekh 2006: 112）

したがってパレクにとって、キムリッカの構想は、リベラリズムにもとづくことから生じる原理的な問題だけでなく、そもそも現代社会をリベラルな社会と特徴づけていること自体にも難点を抱えている。パレクが疑問視するのは、多文化主義的な要求を掲げるマイノリティはリベラルな社会に統合されることを望んでいるというキムリッカの想定自体である。

キムリッカの意義

では、われわれはキムリッカの議論を放棄しなければならないのか。現代社会がリベラルな社会であるとするキムリッカは、リベラリズムの多様性には敏感であるが、リベラルな社会の多様性という視点を欠いているように思われる。しかしながら、（日本社会を含め）現代の西側社会がリベラルな社会でないわけでもない。一枚岩的にリベラルな社会でないからといって、それをリベラルでない社会だと考えるならば、結局のところパレクが批判した二分法的思考にとらわれていることになる。現代の西側社会がリベラリズムを政治的原理として採用していることは事実である。要は、リベラリズムのみで動いているわけではない、ということである。

したがって、現代の西側社会がリベラリズムを機能させている程度に応じて、キムリッカの議論は限界こそあれ、やはり一定の有効性と妥当性をもっている。とりわけ、先住民族や被征服民族といった民族的マイノリティの権利擁護に関して、キムリッカの議論は決定的な意義をもつ。マイノリティ自身がリベラリズムを信奉するかどうかはともかく、彼・彼女らがリベラリズムと矛盾しない権利要求を掲げるかぎり、リベラルな社会とその成員はそれに応答しなければならないことを、キムリッカは明確に示したからである。

同様に、キムリッカの議論がトランスナショナリティを生きる人々の権利を論じられていないことも、即座にキムリッカの議論が廃棄されるべき理由とはならない。キムリッカの議論は現代の状況では不十分かもしれないが、さまざまな議論との対決のうちに、複雑な社会に応じた権利論の組み合わせと、それによる諸権利の実現が期待されうる。シティズンシップ論はこうした期待にこそ導かれなければならない。マーシャルが提示したシティズンシップの発展史は、シティズンシップの諸権利が時には原理的な対立を含みつつも、結果として新たな要素を組み入れながら発展してきたことを物語っていたはずである。多文化主義が「失敗」したから次だというのではなく、多文化主義が民族的マイノリティの権利擁護に果たした一定の役割を評価したうえで、さらに多文化主義がカバーできない領域についての複合的な権利擁護の体制について構想していくべきである。「限界」があることは必ずしも「失敗」ではない。

〈注〉

（1）この件についてはメルケルが「『多文化主義は完全な失敗だった』と発言した」と報じられたが、この要約が適切かどうかは疑問が残る。
（2）nation の一般的な訳語は「国民」であるが、本章では「国民形成（nation-building）」の場合を除いて、概ね「民族」という訳語をあてている。キムリッカの議論では、nation は必ずしも国家をもたない。national minority とは、歴史的な経緯で「国家を形成しえなかった民族」である。
（3）ただし、多民族国家とポリエスニック国家という区別はあくまで理念型である。ほとんどの国家は移住者と先住民が共在し、両者の特徴をあわせもっている。カナダにしても、移民国家である点から見ればポリエスニックだが、先住民やケベックの住民の存在を考えれば多民族である。
（4）キムリッカにとって、ケベック州のフランス語系住民は社会構成文化をもつ民族であり、エスニック集団ではない。この点からすると、歴史的起源をたどって移民かどうかを決めることにはあまり意味がない。
（5）それでも批判が多かったためか、キムリッカはその後、文化的マイノリティの類型を五つに増やしている（Kymlicka 2002）。
（6）しかし、本章冒頭にとりあげた「多文化主義の失敗」という論調が今後も強まるとすれば、再び移民排斥の動きが強まる可能性がある。

（7）この点については、ヨプケの論文が執筆された時期を考えれば、やむを得ないと言える。

（8）本章冒頭に取り上げたキャメロン発言は、この点を巧みにとらえて、既存の多文化主義の死を宣告したのである。

（9）良き生の内容は社会構成文化によって提供されるものとキムリッカは想定しているが、ある生が良いのは、個人が望むからなのか、社会構成文化が推奨するからなのか、普遍化可能な規範的観点にもとづくのかは定かではない。

（10）ここでは「内面性が求めるままに」と訳したが、'from within' という英語表現はしっくり対応する日本語が見あたらない。日本語には「心の奥」や「心の底」という表現もあるが、これらは道徳的主体性の根拠となるものを表現しているわけではない。すでにこのこと自体がパレクの議論の例証となっていると言えよう。

〈文献〉

Benhabib, S., 2002, *The Claims of Culture: Equality and Diversity in the Global Era*, Princeton: Princeton University Press.

Castles, S. and M. J. Miller, 2009, *The Age of Migration: International Population Movements in the Modern World*, 4th edition, New York: the Guilford Press.

Joppke, C., 2003, "Multicultural Citizenship," E. F. Isin and B. S. Turner eds., *Handbook of Citizenship Studies*, London: SAGE Publications.

Kymlicka, W., 1995, *Multicultural Citizenship: A Liberal Theory of Minority Rights*, New York: Oxford University Press.

——— 1999, "Comments on Shachar and Spinner-Halev: An Update from the Multiculturalism Wars," Joppke, C. and S. Lukes eds., *Multicultural Questions*, New York: Oxford University Press, 112-29.

——— 2001, *Politics in the Vernacular: Nationalism, Multiculturalism, and Citizenship*, New York: Oxford University Press.

——— [1991] 2002, *Contemporary Political Philosophy: An Introduction*, 2nd edition, New York: Oxford University Press.

Kymlicka, W. and W. Norman eds., 2000, *Citizenship in Diverse Societies*, New York: Oxford University Press.

Marshall, T. H., 1992, "Citizenship and Social Class," Marshall and T. Bottomore, *Citizenship and Social Class*, London: Pluto Press, 1-51.

Miller, D., 1995, *On Nationality*, New York: Oxford University Press.

Parekh, B., [2000] 2006, *Rethinking Multiculturalism: Cultural Diversity and Political Theory*, 2nd edition, New York: Palgrave Macmillan.

関根政美 2003 『多文化主義社会の到来』朝日新聞社.

田嶋淳子 2003 「トランスナショナル・ソーシャル・スペースの思想」渡戸一郎・広田康生・田嶋淳子編著『都市的世界／コミュニティ／エスニシティ——ポストメトロポリス期の都市エスノグラフィ集成』明石書店、47-79.

——— 2010 『国際移住の社会学——東アジアのグローバル化を考える』明石書店。

Tully, J., 1995, *Strange Multiplicity*, Cambridge: Cambridge University Press.

——— 2000, "The Challenge of Reimagining Citizenship and Belonging in Multicultural and Multinational Societies," C. McKinnon and I. Hampsher-Monk eds., *The Demand of Citizenship*, London: Continuum, 212-34.

Young, I. M., 1989, "Polity and Group Difference: A Critique of the Ideal of Universal Citizenship," *Ethics*, 99(2): 250-74.

——— 1990, *Justice and the Politics of Difference*, Princeton: Princeton University Press.

あとがき

本書は、同じ編者名で白澤社から公刊した『変容するシティズンシップ』の続編にあたる論文集である。といっても前著をたんに補完する姉妹編というのではない。『葛藤するシティズンシップ』という題が物語るように、同じシティズンシップ論といっても、扱ったテーマが異なる。シティズンシップ論に興味を持たれた方は、機会があれば前著も是非、手にしていただきたいが、本書に目を通した読者は、前著を知らずともその内容を十分に理解できるだろう。

「葛藤」という言葉には、シティズンシップ論にたいするわたしたちなりの新たな視点の導入という意味が込められている。もちろん正確に何をもって「葛藤」と呼ぶのか論者によってニュアンスや意味の相違があるので、詳しくは序と本論での議論にあたってほしい。ただ、どちらかと言えば、社会の政治的な対立や葛藤とは縁の薄いと思われるシティズンシップの概念に、むしろ政治・経済・社会、さらには文化上の対立、緊張関係などさまざまな葛藤要因がはらまれており、それがシティズンシップをめぐるより本質的な問題状況をもたらしているのではないかというのが、わたしたちの立てている仮説であり共通の視点である。

いうまでもなく、これはシティズンシップ論のある一面を描いたにすぎない。しかし、それはシティズンシップ論のもっともアクチュアルな一面でもある。本書を公刊し、多くの読者による御批判と叱正を乞う次第である。

本書にかかわった執筆者たちは、論文執筆の準備もかねて、ここ数年以上にわたり、海外のシティズンシップ論を渉猟してきた。その間、シティズンシップ論における議論の幅の広さ、関連テーマの多様性などにしばしば遭遇し、関連する学問分野も、政治学、社会学、社会政策、法学、思想史などに及んだ。研究を進めるうちに痛感したのが、海外でシティズンシップ論をめぐる活発な議論が展開されている一方、日本での関心がまだ低く、学問的蓄積もはなはだ不十分だということだった。本書を世に問うのも、そうした日本の学界に小さいながらも一石を投じられればとの願いからである。

幸い今回も、シティズンシップ論に深い関心をお持ちの白澤社から本書を上梓できる機会に恵まれた。とりわけ編集者の坂本信弘さんには、本書の編成から各原稿のチェックまでさまざまな点でお世話になった。編者・執筆者を代表して改めて感謝申し上げる次第である。

木前利秋

二〇一二年三月

執筆者プロフィール

（執筆順、〔　〕内は担当章、＊は編著者）

亀山俊朗（かめやま　としろう）＊ ―――――――――――― 〔序、第１章〕

1962 年生まれ。お茶の水女子大学キャリア支援センター准教授、専攻は社会学（社会理論・社会政策論）。
著書に、共著『社会的排除／包摂と社会政策』（福原宏幸編、法律文化社）、共著『フリーターとニートの社会学』（太郎丸博編、世界思想社）など。

表　弘一郎（おもて　こういちろう） ―――――――――――― 〔第２章〕

1970 年生まれ。中部大学・大阪経済法科大学非常勤講師、専攻は社会思想史・社会理論。
著書に、共著『古典から読み解く社会思想史』（中村健吾編、ミネルヴァ書房）、論文に「アドルノにおける観相学と『社会』への問い―ホネットとボンスの解釈を踏まえて―」（『アリーナ』第 12 号）など。

木前利秋（きまえ　としあき）＊ ―――――――――――― 〔第３章〕

1951 年生まれ。大阪大学大学院人間科学研究科教授、専攻は社会思想史・現代社会学。
著書に『メタ構想力』（未來社）、論文に「ヴェーバーとモダニティ論の新たな地平」『思想』No.987. など。

時安邦治（ときやす　くにはる）＊ ―――――――――― 〔第４章、第５章〕

1967 年生まれ。学習院女子大学国際文化交流学部教授、現代文化論・社会思想。
著書に、共著『社会学ベーシックス第９巻　政治・権力・公共性』（世界思想社）、『社会学ベーシックス第７巻　ポピュラー文化』（世界思想社）、共訳M・フェザーストン『ほつれゆく文化』（法政大学出版局）。

葛藤《かっとう》するシティズンシップ——権利《けんり》と政治《せいじ》

2012年5月10日　第一版第一刷発行

編著者　木前利秋・時安邦治・亀山俊朗

発行者　吉田朋子

発　行　有限会社 白澤社《はくたくしゃ》

〒112-0014　東京都文京区関口1-29-6　松崎ビル2F

電話　03-5155-2615／FAX　03-5155-2616／E-mail：hakutaku@nifty.com

発　売　株式会社 現代書館

〒102-0072　東京都千代田区飯田橋3-2-5

電話　03-3221-1321㈹／FAX　03-3262-5906

装　幀　装丁屋KICHIBE

印　刷　モリモト印刷株式会社

用　紙　株式会社山市紙商事

製　本　株式会社越後堂製本

 ISBN978-4-7684-7945-2